JÜRGEN STAMM

Das Zurückweisungsrecht und die Mängeleinrede

Schriften zum Bürgerlichen Recht

Band 558

Das Zurückweisungsrecht und die Mängeleinrede

Die Verteidigungsrechte des Käufers vor und nach der Annahme einer mangelhaften Kaufsache

Von

Jürgen Stamm

Duncker & Humblot · Berlin

Bibliografische Information der Deutschen Nationalbibliothek

Die Deutsche Nationalbibliothek verzeichnet diese Publikation in
der Deutschen Nationalbibliografie; detaillierte bibliografische Daten
sind im Internet über http://dnb.d-nb.de abrufbar.

ISSN 0720-7387
ISBN 978-3-428-18803-1 (Print)
ISBN 978-3-428-58803-9 (E-Book)

Gedruckt auf alterungsbeständigem (säurefreiem) Papier
entsprechend ISO 9706 ♾

Internet: http://www.duncker-humblot.de

Inhaltsverzeichnis

Zweiter Teil

Das Phantom der Mängeleinrede – Die Verteidigungsrechte des Käufers gegenüber dem Kaufpreisanspruch nach Annahme einer mangelhaften Kaufsache 69

§ 1 Einleitung

In der Zivilrechtsdogmatik zum kaufrechtlichen Gewährleistungsrecht haben sich Rechtsfiguren zum Schutz des Käufers etabliert, die das Gesetz als solche nicht kennt. Zu ihnen zählt neben der elektiven Konkurrenz im Zuge der Auswahlentscheidung des Käufers gemäß § 437 BGB[1] in jüngerer Zeit das Zurückweisungsrecht des Käufers bei Angebot einer mangelhaften Kaufsache und zuletzt die vom BGH wiederbelebte Mängeleinrede. Die beiden jüngeren Rechtsfiguren sind Gegenstand der vorliegenden Untersuchung. Sie eint die Perspektive des Käufers, um dessen Schutz es geht, wenn ihm der Verkäufer eine mangelhafte Kaufsache anbietet. Die Rechtsfiguren unterscheidet hingegen der zeitliche Aspekt. Beim Zurückweisungsrecht geht es um die Rechte des Käufers vor der Annahme der mangelhaften Kaufsache. Die Mängeleinrede kennzeichnet hingegen die sich an die Annahme der mangelhaften Kaufsache anschließende Verteidigung des Käufers gegenüber dem Kaufpreisanspruch des Verkäufers. Aufgrund dieser zeitlichen Abfolge widmet sich der erste Teil der vorliegenden Untersuchung dem Zurückweisungsrecht, der zweite Teil der Mängeleinrede.

---

[1] Ausführlich dazu *Stamm*, JZ 2015, 920 ff.

Das Zurückweisungsrecht als begriffliche Negation des Annahmeverzugs – Die Verteidigungsrechte des Käufers vor der Annahme einer mangelhaften Kaufsache

§ 2 Problemstellung

Das Zurückweisungsrecht ist für den Käufer von Bedeutung, wenn es um die Verweigerung der Annahme einer mangelhaften Kaufsache geht. Hier sind im Kaufrecht noch viele Fragen umstritten. Grundlegendes Anliegen des ersten Teils der vorliegenden Untersuchung ist es daher, die begrifflich verselbstständigte Rechtsfigur des Zurückweisungsrechts auf ihre Existenzberechtigung hin zu untersuchen. Die Untersuchung leitet zu der Frage über, welche Rechte dem Käufer vor der Annahme einer mangelhaften Kaufsache zustehen. Das Gewährleistungsrecht trifft hierzu keine Regelung, da es den Gefahrübergang, im Kern also die Annahme der Kaufsache, voraussetzt. Die Antwort ist daher im allgemeinen Schuldrecht zu suchen, womit die Untersuchung übergreifende Bedeutung gewinnt.

§ 3 Versuch einer begrifflichen Annäherung

Das Bürgerliche Gesetzbuch kennt kein als solches ausgewiesenes Rechtsinstitut der Zurückweisung. Allerdings findet der Begriff durchaus Verwendung. Zu denken ist an die Zurückweisung eines einseitigen Rechtsgeschäfts gemäß §§ 111, 174 BGB, die Zurückweisung eines Vertrages zugunsten Dritter durch den begünstigten Dritten, § 333 BGB, sowie die Zurückweisung eines Rücktrittsrechts wegen fehlender Entrichtung eines vertraglich vereinbarten Reugeldes, § 353 BGB. An diesen Stellen taucht der Begriff der Zurückweisung im Gesetz auf, findet aber keine Verwendung im Sinne eines einheitlichen Rechtsinstituts. Der Begriff kennzeichnet heterogene Konstellationen der Rechtsverteidigung. Er betrifft Verträge und einseitige Rechtsgeschäfte bis hin zum Gestaltungsrecht des Rücktritts. In der für das Zurückweisungsrecht beanspruchten Konstellation der Gegenwehr des Käufers gegen die Lieferung einer mangelhaften Kaufsache tritt hingegen nicht einmal der Begriff der Zurückweisung gesetzlich in Erscheinung.[2]

---

[2] Im HGB findet sich in § 379 HGB der Begriff der Beanstandung, worauf *Ernst*, NJW 1997, 896 (897), hinweist. Die Vorschrift normiert jedoch lediglich eine Aufbewahrungs-

Der Gesetzgeber kennt indes das Rechtsinstitut der Zurückweisung. Dieses ist jedoch nicht im materiellen Recht, sondern im Verfahrensrecht angesiedelt. In der Zivilprozessordnung geht es gemäß § 296 ZPO um die gerichtliche Zurückweisung von Angriffs- und Verteidigungsmitteln der Parteien wegen Verspätung. In § 598 ZPO geht es um die Zurückweisung von Einwendungen im Urkundenprozess.

Allein dieser erste Versuch einer begrifflichen Annäherung an das Zurückweisungsrecht mahnt zur Vorsicht. Denn die genannten Vorschriften sind nicht tangiert, wenn im kaufrechtlichen Gewährleistungsrecht von einem Zurückweisungsrecht des Käufers die Rede ist. Hier sucht man vergeblich nach einer Rechtsgrundlage sowie auch einer Definition.[3] Als Rechtsgrundlagen benannt werden hingegen aus dem allgemeinen Schuldrecht das Zurückbehaltungsrecht[4] sowie das Verbot der Teilleistung gemäß § 266 BGB.[5] Bevor darauf einzugehen ist, sind jedoch in einem ersten Schritt die speziellen kaufrechtlichen Grundlagen zu klären. Einen wertvollen Impuls dazu liefert das Werkvertragsrecht. Hier wird dem Besteller seit jeher empfohlen, bei (wesentlichen) Mängeln der Werkleistung deren Abnahme zu verweigern, ohne dass deshalb aber ein Zurückweisungsrecht des Bestellers diskutiert würde. Das mag damit zusammenhängen, dass § 640 Abs. 1 BGB ausdrücklich von der Verweigerung der Abnahme spricht. Sieht man die Abnahme insofern nicht als ein Spezifikum des Werkvertragsrechts an, sondern nimmt in den Blick, dass der Gesetzgeber die Abnahme gemäß § 433 Abs. 2, 2. Fall BGB auch für den Käufer normiert hat, kann hierin der Schlüssel zum Verständnis des Zurückweisungsrechts des Käufers liegen.

---

pflicht und das Recht zum Notverkauf. Der Begriff der Zurückweisung in § 386 HGB betrifft Preisgrenzen.

[3] *Ernst*, NJW 1997, 896 (897), definiert für das alte Schuldrecht zumindest den Begriff der Zurückweisung: „Die Zurückweisung ist die Weigerung des Käufers, die ihm angebotene Ware als Erfüllung anzunehmen." *Ernst* versteht die Zurückweisung also als Entscheidung des Käufers gegen die Annahme.

[4] BGH NJW, 2017, 1100 Rn. 28 ff.; *Weidenkaff*, in: Grüneberg, § 433, Rn. 47; *Ostendorf*, NJW 2017, 1100 (1103); *Oetker/Maultzsch*, Vertragliche Schuldverhältnisse, § 2, Rn. 137, 154; *Büdenbender*, in: NomosKommentar, § 437, Rn. 113; *Grunewald*, in: Erman, Vor § 437, Rn. 6; *Beckmann*, in: Staudinger, § 433, Rn. 132, 220; differenziert nach Art des Mangels *Westermann*, in: Münchener Kommentar, § 437, Rn. 18.

[5] Maßgeblich *Lorenz*, NJW 2013, 1341 (1343); *Lorenz*, in: BeckOK (Stand: 01.11.2021), § 266, Rn. 4; *Wu*, JuS 2020, 394 (396); *Faust*, in: BeckOK (Stand: 01.11.2021), § 433, Rn. 42 f.; *Krafka*, in: BeckOGK (Stand: 01.10.2022), § 266, Rn. 34; *Berger*, in: Jauernig, § 437 Rn. 29; *Krüger*, in: Münchener Kommentar, § 266, Rn. 4, der darauf verweist, dass die Zurückweisung der Schlechtleistung meist erst bei § 294 BGB diskutiert wird, und *Jud*, JuS 2004, 841 (843), die pauschal auf §§ 266, 294 BGB verweist; gegen die Anwendung von § 266 BGB stimmen *Bittner/Kolbe*, in: Staudinger, § 266, Rn. 14, und *Forster*, in: Soergel, § 266, Rn. 5.

§ 4 Die maßgeblichen Pflichten im Kaufrecht

Geht es um ein Recht des Käufers zur Zurückweisung einer mangelhaften Kaufsache, so sind zunächst einmal die Pflichten – nur solche benennt § 433 BGB – und die damit korrespondierenden Ansprüche der Vertragsparteien zu bestimmen. Dabei ist zwischen der Sach- und der Gegenleistung zu differenzieren. Im Kontext des Zurückweisungsrechts geht es maßgeblich um die Sachleistung.

Gemäß § 433 Abs. 1 S. 1 BGB ist der Verkäufer zur Übereignung der Kaufsache verpflichtet. Damit korrespondiert der entsprechende Anspruch des Käufers. Lehnt der Käufer die Übereignung der Kaufsache ab, so ist damit die Situation der Zurückweisung beschrieben.

I. Die Pflicht des Käufers zur Abnahme

Im Kaufrecht ist bedeutsam, dass der Käufer gemäß § 433 Abs. 2, 2. Fall BGB zur Abnahme der Kaufsache verpflichtet ist. Dies steht zunächst einmal einem Zurückweisungsrecht diametral entgegen. Mit § 433 Abs. 2, 2. Fall BGB korrespondierend hat der Verkäufer einen Anspruch auf die Abnahme. Mit der Sachleistung sind also wechselseitige Pflichten und Ansprüche verknüpft.

II. Die Pflicht des Verkäufers zur mangelfreien Übereignung

Gemäß § 433 Abs. 1 S. 2 BGB ist der Verkäufer verpflichtet, die Kaufsache dem Käufer frei von Sach- und Rechtsmängeln zu übereignen. Es bietet sich also an, hier nach der Wurzel des Zurückweisungsrechts zu suchen, bevor auf Rechtsgrundlagen im allgemeinen Schuldrecht zurückzugreifen ist. Schließlich handelt es sich bei der Gewährleistung um eine dem besonderen Schuldrecht vorbehaltene Leistungsstörung, die an den Gefahrübergang, im Kern also die Abnahme,[6] anknüpft. Dies könnte auch erklären, dass das Zurückweisungsrecht eigens im Kaufrecht diskutiert wird. Es ist also die Verpflichtung des Käufers aus § 433 Abs. 1 S. 2 BGB dogmatisch näher zu untersuchen.

---

[6] Nach h. M. (*Faust*, in: BeckOK (Stand: 01.08.2022), § 437, Rn. 6, mit weiteren Nachweisen, und *Höpfner*, in: BeckOGK (Stand: 01.12.2022), § 437, Rn. 10) ist für den Gefahrübergang die Annahme der Kaufsache als Erfüllung gemäß § 363 BGB maßgeblich, was der Abnahme gleichkommt und diese zugleich in die Parallele zur Abnahme im Werkvertragsrecht rückt, die neben der Besitzverschaffung die Billigung als im Wesentlichen vertragsgerechte Leistung beinhaltet.

§ 5 Fehlende Anspruchsqualität von § 433 Abs. 1 S. 2 BGB als bloße Leistungsmodalität

Nach den bisherigen Überlegungen läge es nahe, korrespondierend zur Pflicht des Verkäufers aus § 433 Abs. 1 S. 2 BGB dem Käufer einen Anspruch auf mangelfreie Übereignung der Kaufsache zuzusprechen. Hier liegt jedoch ein entscheidendes Problem begründet, das bislang kaum erfasst zu sein scheint. Es geht um die rechtliche Qualifizierung von § 433 Abs. 1 S. 2 BGB. Rechtsprechung zu dieser Frage fehlt im Wesentlichen,[7] was bereits indiziert, dass die Vorschrift für den Käufer keinen Anspruch begründet. Im Schrifttum wird die Anspruchsqualität mitunter bejaht,[8] ohne dass sich aber tiefergehende Untersuchungen finden. Das dürfte darauf zurückzuführen sein, dass sich die Mängelrechte des Käufers nach § 437 BGB bestimmen. Voraussetzung dafür ist aber, wie sich aus § 434 Abs. 1 BGB eigens ergibt, der Gefahrübergang. Der Käufer muss also die Kaufsache bereits angenommen haben, sie muss gemäß § 446 S. 1 BGB bereits an ihn übergeben worden sein.[9] Die Frage nach der Rechtsqualität von § 433 Abs. 1 S. 2 BGB scheint sich nicht mehr zu stellen, ist aber für das Zurückweisungsrecht vor Gefahrübergang elementar.

I. Anspruch auf Nacherfüllung erst nach Gefahrübergang

Steht dem Käufer nach §§ 437 Nr. 1, 439 Abs. 1 BGB ein Anspruch auf Nacherfüllung erst nach Gefahrübergang zu, so ergibt sich im Rückschluss, dass § 433

---

[7] BGH NJW 2020, 2104 (2109, Rn. 50 f.), benennt § 433 Abs. 1 S. 2 BGB als „ursprünglichen Erfüllungsanspruch", befasst sich aber lediglich mit dem Umfang des Nacherfüllungsanspruchs; BGH NJW 2013, 220 (222, Rn. 24 f.), bezeichnet § 433 Abs. 1 BGB insgesamt als „Erfüllungsanspruch", im Rahmen dessen die verschiedenen Pflichten auf Satz 1 und Satz 2 aufgeteilt seien.

[8] *Faust*, in: BeckOK (Stand: 01.08.2022), § 433, Rn. 40, sieht den Anspruch aus § 439 Abs. 1 BGB als konsequente Fortführung des Anspruchs auf mangelfreie Leistung aus § 433 Abs. 1 S. 2 BGB, ohne die Anspruchsqualität der letztgenannten Vorschrift zu hinterfragen. Im Weiteren unterwirft *Faust*, in: BeckOK (Stand: 01.08.2022), § 433, Rn. 43, diesen Anspruch weitestgehend dem Regime der §§ 323, 280, 281 BGB. *Weidenkaff*, in: Grüneberg, § 439, Rn. 2, definiert die Nacherfüllung als die Erfüllung der Pflicht aus § 433 Abs. 1 S. 2 BGB; *Beckmann*, in: Staudinger, § 433, Rn. 132, erachtet durch § 433 Abs. 1 S. 2 BGB die Sachmangelfreiheit als Teil der Hauptleistungspflicht und § 439 Abs. 1 BGB als logische Konsequenz zu § 433 Abs. 1 S. 2 BGB, *Beckmann*, in: Staudinger, § 439, Rn. 1; *Berger*, in: Jauernig, § 433, Rn. 21, sieht ohne Begründung § 433 Abs. 1 S. 2 BGB als „Hauptpflicht" und § 439 BGB als Konkretisierung des „Anspruchs" aus § 433 Abs. 1 S. 2 BGB, *Berger*, in: Jauernig, § 439, Rn. 1; *Westermann*, in: Münchener Kommentar, § 437, Rn. 18, bezeichnet § 433 Abs. 1 S. 2 BGB ohne Begründung als „Erfüllungsanspruch"; *Grunewald*, in: Erman, § 433, Rn. 13; § 439, Rn. 1, differenziert nicht zwischen § 433 Abs. 1 S. 1 und S. 2 BGB und nennt die mangelfreie Lieferung als Hauptleistungspflicht; *Hofmann/Pammler*, ZGS 2004, 293 (293), bezeichnen § 433 Abs. 1 S. 2 BGB als „Leistungspflicht".

[9] Zum klärungsbedürftigen Begriff des Gefahrübergangs und der damit erfassten Fallkonstellationen s. bereits ausführlich *Stamm*, AcP 217 (2017), 165 (167 ff.).

Abs. 1 S. 2 BGB keinen vorzeitigen Nacherfüllungsanspruch des Käufers begründet. Der Begriff der „*Nach*erfüllung" verdeutlicht, dass die Mängelrechte die *vorherige* Erfüllung voraussetzen, sprich die Übereignung gemäß § 433 Abs. 1 S. 1 BGB und damit zumindest die Übergabe im Sinne des Gefahrübergangs und der Annahme der Kaufsache durch den Käufer. Erst „*nach* der Erfüllung" schließen sich die Mängelrechte an.[10]

II. Kein Wahlrecht des Verkäufers aus § 433 Abs. 1 S. 2 BGB vor Gefahrübergang

§ 439 Abs. 1 BGB berechtigt den Käufer zur Wahl des Mittels der Nacherfüllung. Ein solches Wahlrecht ist von § 433 Abs. 1 S. 2 BGB ebenfalls nicht beinhaltet.[11] Die Vorschrift sieht dies aus gutem Grund nicht vor. Der Käufer hat vor dem Gefahrübergang aus § 433 Abs. 1 S. 1 BGB kein Recht zur Einwirkung auf die Sphäre des Verkäufers.[12] Vor dem Gefahrübergang ist allein der Verkäufer berechtigt, die Art der Erfüllung seiner Verpflichtung aus § 433 Abs. 1 S. 2 BGB zu bestimmen.

III. Schnittstelle von allgemeinem Leistungsstörungsrecht und besonderem Gewährleistungsrecht

Sind die Mängelrechte auf den Zeitraum nach Gefahrübergang beschränkt, so ermöglicht dies eine präzise und insbesondere auch für den Bürger transparente Unterscheidung zwischen allgemeinem Leistungsstörungsrecht und besonderem Gewährleistungsrecht. Der Gesetzgeber hat diese Weichenstellung überzeugend im allgemeinen Schuldrecht angelegt. Ist dort, insbesondere in §§ 323 Abs. 1, 281 Abs. 1 S. 1 BGB, von der „*nicht vertragsgemäßen Leistung*" die Rede, so markiert dies die Schnittstelle zum Gewährleistungsrecht des besonderen Schuldrechts. Im Kaufrecht ist damit die Anknüpfung an § 437 BGB vollzogen.

---

[10] So auch *Grunewald*, in: Festschrift für Westermann, S. 245 (247), die klar zwischen dem ursprünglichen Erfüllungsanspruch und dem darauffolgenden Nacherfüllungsanspruch unterscheidet.

[11] In diesem Sinne spricht *Lorenz*, NJW 2013, 1341 (1343), von dem Vorteil eines Zurückweisungsrechts für den Verkäufer, dass nämlich der Käufer als Gläubiger noch kein Wahlrecht im Sinne von § 439 Abs. 1 BGB habe.

[12] Zu den Verwerfungen der Annahme einer Anspruchsqualität von § 433 Abs. 1 S. 2 BGB ausführlich unter § 6 III.

IV. Unterscheidung zwischen Nichtleistung und erbrachter Schlechtleistung

Der gesetzlichen Formulierung *„nicht vertragsgemäße Leistung"* lässt sich klar entnehmen, dass die Leistung als solche erst einmal erbracht sein muss, sprich im Zuge der Übereignung zumindest der Gefahrübergang erfolgt sein muss, bevor sich Mängelrechte des Käufers anschließen können.[13] Anderenfalls liegt eine Nichtleistung vor, die ihrerseits Bezugspunkt für § 433 Abs. 1 S. 1 BGB ist. Vor Gefahrübergang ist eine *„nicht vertragsgemäße Leistung"* begriffsnotwendig ausgeschlossen.

V. § 433 Abs. 1 S. 2 BGB als flankierende Leistungsmodalität zu § 433 Abs. 1 S. 1 BGB

Begründet § 433 Abs. 1 S. 2 BGB lediglich eine Pflicht des Verkäufers, hingegen keinen Anspruch des Käufers, so widerspricht dies nicht dem Wechselspiel von Pflicht und Anspruch aus § 433 Abs. 1 S. 1 BGB und aus § 433 Abs. 2, 2. Fall BGB. § 433 Abs. 1 S. 2 BGB ist davon zu unterscheiden, weil die Vorschrift lediglich eine Leistungsmodalität beinhaltet. Normieren im allgemeinen Schuldrecht die §§ 262 bis 272 BGB die Modalitäten, insbesondere Ort und Zeit der vom Schuldner zu erbringenden Leistung, so beinhalten die genannten Vorschriften ebenso wenig eine Anspruchsgrundlage. Erst aus ihrer Missachtung leiten sich Leistungsstörungen ab, die ihrerseits Sekundäransprüche begründen können.

Die Modalitäten der Leistung lassen sich nicht von der eigentlichen Pflicht, im Kaufrecht derjenigen zur Übereignung der Kaufsache, trennen, ohne aber einen eigenständigen Anspruch zu begründen. Gleichermaßen normiert § 433 Abs. 1 S. 2 BGB lediglich die Modalität der Mangelfreiheit. Aus gutem Grund ist die Vorschrift daher – ebenso wie dies bei anderen Leistungsmodalitäten der Fall ist – aus der Sicht des Schuldners formuliert. Sie konkretisiert die Leistungspflicht des Verkäufers, begründet hingegen keinen Anspruch des Käufers. Dogmatisch ist zwischen klagbaren und nicht klagbaren Pflichten zu unterscheiden. Letztere lösen erst bei ihrer Verletzung sekundäre Ansprüche des Gläubigers aus. Um eine solche Pflicht des Verkäufers handelt es sich bei § 433 Abs. 1 S. 2 BGB. Erst die Verletzung dieser Vorschrift im Zuge des Gefahrübergangs bewirkt die Mängelrechte des Käufers aus § 437 BGB.

---

[13] Eine Ausnahme zu dieser Regel stellt § 323 Abs. 4 BGB dar, welcher ein antizipiertes Rücktrittsrecht ermöglicht, jedoch genaugenommen selbst kein Mangelrecht aus dem Katalog des § 437 darstellt, sondern dieses lediglich vorverlagert, s. dazu unter § 6 V.

VI. Parallele zum Schuldnerverzug (erst) nach Verletzung von § 271 BGB

Die Pflicht zur mangelfreien Übereignung ist deshalb im besonderen Schuldrecht verankert, weil hier das Gewährleistungsrecht verortet ist. Man mag mit Recht bedauern, dass dem Gesetzgeber – abgesehen von der Anknüpfung in §§ 281 I 1, 323 I BGB an die nicht vertragsgemäße Leistung – keine Verallgemeinerung des Gewährleistungsrechts für sämtliche betroffenen Vertragstypen gelungen ist. Dies betrifft insbesondere das „veraltete" System des Gewährleistungsrechts im Mietrecht. Jedoch ändert dies nichts am bereits derzeitigen Befund. § 433 Abs. 1 S. 2 BGB ist dogmatisch auf einer Linie mit den §§ 262 bis 272 BGB zu sehen. Ebenso wie die Leistungsstörung des Verzugs daher erst nach Verletzung von § 271 BGB einen sekundären Anspruch auf Schadensersatz aus §§ 280 Abs. 1, Abs. 2, 286 BGB zu begründen vermag, gilt dies für die Mängelrechte aus § 437 BGB. Diese setzen die vorherige Verletzung von § 433 Abs. 1 S. 2 BGB voraus. Es gibt im Vorfeld keinen von der Verpflichtung aus § 433 Abs. 1 S. 1 BGB zu trennenden Erfüllungsanspruch.

VII. § 433 Abs. 1 S. 2 BGB als verzichtbare Norm

Man kann § 433 Abs. 1 S. 2 BGB als eine verzichtbare Norm einstufen. Denn die maßgeblichen Regelungen zur Mangelfreiheit treffen die Vorschriften der §§ 434 bis 436 BGB. Sie definieren den Sach- und Rechtsmangel, woran § 437 BGB einleitend anknüpft. Es fehlt lediglich eine den Verkäufer ausdrücklich verpflichtende Norm. Allein diese Funktion übernimmt § 433 Abs. 1 S. 2 BGB. Gäbe es die Vorschrift nicht, so ergäbe sich die Verpflichtung des Verkäufers gleichwohl aus dem Gesetzeskontext.

VIII. Anspruchsziel aus § 433 Abs. 1 S. 1 BGB in Bezug auf die (mögliche) mangelfreie Kaufsache

Die Überlegungen zur Rechtsnatur von § 433 Abs. 1 S. 2 BGB führen zu der Konsequenz, dass alleinige Anspruchsgrundlage für den Käufer § 433 Abs. 1 S. 1 BGB ist. Fraglich ist daran anschließend, ob der Käufer bereits die Übereignung der noch mangelbehafteten Kaufsache verlangen kann. Schließlich ändert auch ein Verstoß gegen die Leistungszeit nichts an dem Umstand, dass der Käufer jederzeit die Übereignung der Kaufsache verlangen kann.

1. Versagung eines Anspruchs auf Mangelbeseitigung oder Ersatzlieferung vor Gefahrübergang

Im Fall der mangelhaften Kaufsache muss danach differenziert werden, ob eine mangelfreie Leistung möglich ist. Von dieser Möglichkeit soll an dieser Stelle ausgegangen werden.[14] Der Verkäufer bleibt also aus § 433 Abs. 1 S. 2 BGB verpflichtet. Da es sich jedoch um keine Anspruchsgrundlage handelt, kann der Käufer vor Gefahrübergang weder eine Mangelbeseitigung noch eine – von der *Nach*lieferung aus § 439 Abs. 1 BGB zu unterscheidende – *Ersatz*lieferung verlangen. Allein dem Verkäufer steht das Wahlrecht zu, wie er seine Verpflichtung aus § 433 Abs. 1 S. 2 BGB erfüllen will, durch vorherige Mangelbeseitigung oder Ersatzlieferung. Im Fall der Gattungsschuld erklärt sich dies allein schon aus § 243 Abs. 1 BGB. Entsprechendes gilt, wenn es sich zwar um eine Stückschuld handelt, jedoch um eine vertretbare Sache.[15] Scheidet hingegen bei einer unvertretbaren Sache eine Ersatzlieferung aus, beschränkt sich die Verpflichtung aus § 433 Abs. 1 S. 2 BGB auf die Mangelbeseitigung, ohne daraus jedoch einen eigenständigen Anspruch für den Käufer zu generieren. Der Käufer kann den Verkäufer nur aus § 433 Abs. 1 S. 1 BGB und daher nur auf Übereignung der Kaufsache in Anspruch nehmen, nicht auf eine vorherige Mangelbeseitigung.

2. Anspruch (allein) auf Übereignung der Kaufsache im aktuellen Zustand

Bildet allein § 433 Abs. 1 S. 1 BGB die maßgebliche Anspruchsgrundlage für den Käufer, so folgt daraus, dass der Anspruch (nur) auf die Übereignung der Kaufsache in ihrem aktuellen Zustand gerichtet ist. Handelt es sich um eine Gattungsschuld und hat der Schuldner noch keine Konkretisierung herbeigeführt, ist der Anspruch nur auf Übereignung einer der Gattung entsprechenden Kaufsache gerichtet. Nur dann, wenn der Schuldner bis zum Beginn der Zwangsvollstreckung eine Konkretisierung schuldig bleibt, geht das Wahlrecht analog § 264 Abs. 1 BGB auf den Gläubiger über.[16] Dies betrifft aber wohlgemerkt nur das Auswahlrecht und dient lediglich der Gewährleistung der Effektivität der Zwangsvollstreckung. Der zu vollstreckende Anspruch bleibt derjenige aus § 433 Abs. 1 S. 1 BGB.

---

[14] Zur Konstellation, dass die mangelfreie Lieferung nicht möglich ist, s. u. § 14.

[15] Nach h. M. ist die Leistungspflicht auch in dieser Konstellation nicht auf den Vertragsgegenstand beschränkt, BGH NJW 2006, 2839 (2840 f., Rn. 18 ff.); NJW 2019, 1133 (1136, Rn. 31).

[16] Gegen eine Analogie ließe sich das Fehlen einer planwidrigen Regelungslücke ins Feld führen. Denn der Käufer kann dem Verkäufer auch eine Frist setzen und nach deren Ablauf gemäß § 323 Abs. 1, 1. Fall BGB den Rücktritt erklären und/oder gemäß § 280 Abs. 1, Abs. 3, 281 Abs. 1 S. 1, 1. Fall BGB Schadensersatz statt der Leistung verlangen (s. dazu gesondert unter IX.). Damit wäre der Anspruch aus § 433 Abs. 1 S. 1 BGB aber nicht vollstreckbar.

Die Überlegungen haben zur Konsequenz, dass der Anspruch aus § 433 Abs. 1 S. 1 BGB – von den Besonderheiten einer Gattungsschuld abgesehen – lediglich auf die mangelhafte Kaufsache gerichtet ist. Solange der Verkäufer nicht von sich aus eine Mangelbeseitigung oder Ersatzlieferung vornimmt, hat der Käufer lediglich einen Anspruch auf Übereignung der Kaufsache in ihrem mangelhaften Zustand. Es stellt sich daher die Frage nach dem angemessenen Schutz des Käufers.

IX. Schutz des Käufers im Wege der Leistungsstörung der Nichtleistung

Bleibt der Verkäufer trotz Mangelhaftigkeit der Kaufsache untätig, so greift die Leistungsstörung in Form der Nichtleistung ein. Der Käufer kann dem Verkäufer eine Frist zur – gemäß § 433 Abs. 1 S. 2 BGB mangelfrei zu erbringenden – Leistung gemäß § 433 Abs. 1 S. 1 BGB setzen. Nach ergebnislosem Fristablauf kann der Käufer den Rücktritt erklären, §§ 323 Abs. 1, 1. Fall, 346 BGB, und/oder Schadensersatz aus §§ 280 Abs. 1, Abs. 3, 281 Abs. 1 S. 1, 1. Fall BGB verlangen.

Diese Lösung zwingt dem Verkäufer kein Minderungsrecht des Käufers auf, das diesem gemäß § 437 Nr. 2 BGB erst nach Gefahrübergang zusteht. Denn der Verkäufer hat es im Vorfeld jederzeit in der Hand, seinerseits mangelfrei zu liefern. Der Katalog der Mängelrechte aus § 437 BGB geht insoweit über das allgemeine Leistungsstörungsrecht hinaus. Die Frage nach den „milderen" Mängelrechten[17] stellt sich aber auch erst dann, wenn die Kaufsache nicht mangelfrei übergeben worden ist. Dies betrifft gleichermaßen das Recht zum sogenannten kleinen Schadensersatz aus §§ 437 Nr. 3, 280 Abs. 1, 3, 281 Abs. 1 S. 1, 2. Fall BGB.

Der Fall der mangelhaften Kaufsache bei Untätigkeit des Verkäufers ist also vor Gefahrübergang nicht anders zu behandeln als der Fall der Nichtleistung. Es handelt sich just um einen solchen. Vor Gefahrübergang gibt es keine Leistungsstörung in Form einer mangelhaft erbrachten Leistung, sondern nur die Missachtung einzelner Leistungsmodalitäten. So ist der verzögerten Leistung in gleicher Art und Weise mittels §§ 323 Abs. 1, 1. Fall, 281 Abs. 1 S. 1, 1. Fall BGB zu begegnen. Aus gutem Grund hat der Gesetzgeber beide Konstellationen identisch eingestuft und normiert.[18]

Gemeinsamer Nenner der Nichteinhaltung der Leistungszeit wie auch der Mangelfreiheit ist im Weiteren der Schuldnerverzug. Jeweils kommt der Verkäufer unter den in § 286 BGB genannten Voraussetzungen in Verzug. Dieser endet seinerseits bei Rücktritt, § 346 Abs. 1, oder Geltendmachung des Schadensersatzes statt der Leistung, § 281 Abs. 4 BGB.

---

[17] So auch *Grunewald*, in: Festschrift für Westermann, S. 245 (249), die den Schadensersatz als einen „den Verkäufer besonders belastenden Anspruch" bezeichnet.

[18] Dies beinhaltet auch die Synchronisation der Unmöglichkeit mittels § 275 BGB, der sowohl die Unmöglichkeit des Erfüllungs- als auch des Nacherfüllungsanspruchs normiert; zur Unmöglichkeit der Nacherfüllung s. ausführlich unter § 14.

X. Abnahmepflicht (nur) bezüglich der mangelfreien Leistung

Handelt es sich bei § 433 Abs. 1 S. 2 BGB lediglich um eine Leistungsmodalität, so ist der Käufer im Vorfeld des Gefahrübergangs nicht schutzlos gestellt. Denn die Leistungsmodalität betrifft neben der Verpflichtung des Verkäufers zur Übereignung aus § 433 Abs. 1 S. 1 BGB gleichermaßen die Verpflichtung des Käufers zur Abnahme gemäß § 433 Abs. 2, 2. Fall BGB. Ist der Verkäufer zur Lieferung einer mangelfreien Sache verpflichtet, so ist auch nur hierauf die Verpflichtung des Käufers zur Abnahme zu beziehen.[19] Mangels anderweitiger Regelung in § 433 Abs. 2, 2. Fall BGB lässt bereits ein unerheblicher oder unwesentlicher Mangel die Verpflichtung zur Abnahme entfallen.[20] Dies belegt auch der systematische Vergleich mit dem Werkvertragsrecht. Denn § 640 Abs. 1 S. 2 BGB lässt die Verpflichtung zur Abnahme erst bei wesentlichen Mängeln entfallen.

Dieses Ergebnis könnte auf den ersten Blick im Widerspruch zu der Annahme stehen, dass der Käufer einen Anspruch lediglich auf die Übereignung der Kaufsache in ihrem derzeitigen Zustand hat. Dieses Delta resultiert jedoch aus dem Umstand, dass der Verkäufer aus § 433 Abs. 1 S. 2 BGB zur Mangelfreiheit verpflichtet ist, der Käufer hierauf jedoch vor Gefahrübergang keinen eigenständigen Anspruch hat.

Der Käufer ist also nicht zur Abnahme der mangelhaften Kaufsache verpflichtet. Ob er ihre Annahme auch zurückweisen darf, ohne dadurch Rechtsnachteile befürchten zu müssen, hängt von der weiteren Frage ab, ob den Käufer nicht zumindest eine Obliegenheit zur Annahme trifft.[21] Ist auch dies nicht der Fall, ist offensichtlich die Rechtslage erfasst, die mit dem Begriff des Zurückweisungsrechts belegt wird.

§ 6 Verwerfungen bei Annahme einer Anspruchsqualität von § 433 Abs. 1 S. 2 BGB

Vor der Untersuchung der Konstellation bei Zurückweisung der mangelhaften Kaufsache ist gesondert der Rechtsauffassung nachzugehen, die in § 433 Abs. 1 S. 2 BGB einen eigenständigen Anspruch auf mangelfreie Leistung sieht.[22] Diese Sicht vermag mithilfe der Rechtsfigur des Zurückbehaltungsrechts ein Zurückweisungsrecht zu begründen.[23]

Will man § 433 Abs. 1 S. 2 BGB eine Anspruchsqualität zuschreiben, so scheint sich dies in die Überlegungen zu den weiteren Pflichten aus § 433 BGB einzureihen.

---

[19] Anders BGH NJW 2017, 1100 (1102), der daher das Zurückweisungsrecht des Käufers auf § 273 Abs. 1 BGB stützen will, s. dazu ausführlich unter § 13.

[20] Ebenso BGH NJW 2017, 1100 (1102).

[21] S. dazu ausführlich unter § 9 zur Frage des Annahmeverzugs.

[22] S. dazu bereits die Nachweise in Fn. 7 und 8.

[23] S. dazu gesondert unter § 13.

Pflicht und Anspruch bedingen einander. Dies führt jedoch in Bezug auf § 433 Abs. 1 S. 2 BGB zu empfindlichen Verwerfungen, die sich nicht ergeben, wenn man die Vorschrift „lediglich" als Leistungsmodalität versteht.

I. Unklares Konkurrenzverhältnis zu § 433 Abs. 1 S. 1 BGB

Bei Bejahung der Anspruchsqualität von § 433 Abs. 1 S. 2 BGB stellt sich die Frage nach dem Konkurrenzverhältnis mit § 433 Abs. 1 S. 1 BGB und der wechselseitigen Abgrenzung. Bedeutung erlangt dies im Fall der Stückschuld und der Gattungsschuld, sofern bereits die Konkretisierung eingetreten ist, § 243 Abs. 2 BGB. Ist dies noch nicht der Fall, mangelt es für einen Anspruch aus § 433 Abs. 1 S. 2 BGB bereits an einem tauglichen Bezugsobjekt. Eine Überleitung des Wahlrechts des Verkäufers kommt analog § 264 Abs. 1 BGB erst im Vollstreckungsstadium in Betracht und betrifft zudem den Anspruch aus § 433 Abs. 1 S. 1 BGB.[24] Mit dessen Vollstreckung gemäß §§ 883, 894 ZPO, kommt es jedoch bereits zur Übereignung, womit die Mängelrechte aus dem Katalog des § 437 BGB zur Anwendung gelangen. § 433 Abs. 1 S. 2 BGB kann also als Anspruchsgrundlage nicht mehr relevant werden. Die Frage ist, weshalb sich dies bei der Stückschuld und der konkretisierten Gattungsschuld anders verhalten sollte.

Ist die Kaufsache konkretisiert, führt die Annahme einer Anspruchsqualität von § 433 Abs. 1 S. 2 BGB dazu, dem Käufer sowohl einen Anspruch auf die Übereignung der Kaufsache in ihrem derzeit mangelhaften Zustand aus § 433 Abs. 1 S. 1 BGB zuzusprechen als auch einen Anspruch auf die mangelfreie Kaufsache aus § 433 Abs. 1 S. 2 BGB. Wozu sonst sollte die Duplizität der Ansprüche dienen? Dem Käufer stünde also bereits vor der Übereignung ein Wahlrecht zu. Bis zu dessen Ausübung wäre der Verkäufer einem misslichen Schwebezustand ausgesetzt, den er nur mittels § 264 Abs. 2 BGB durch vorherige Fristsetzung beseitigen könnte. Der Käufer könnte bis dahin sowohl die Annahme der mangelhaften wie der mangelfreien Leistung unter Verweis jeweils auf den anderen Anspruch verweigern. Es würde sich letztlich um verhaltene Ansprüche handeln, für den Verkäufer also um eine Pattsituation.

Dieses Ergebnis ist hingegen offensichtlich nicht bezweckt. Dem Käufer soll allein ein Anspruch auf die mangelfreie Leistung zustehen. Dies bedeutet aber nichts Anderes, als dass § 433 Abs. 1 S. 2 BGB den Anspruch aus § 433 Abs. 1 S. 1 BGB im Hinblick auf die Mangelfreiheit konkretisiert, also eine bloße Leistungsmodalität und nicht eine Duplizität der Ansprüche beinhaltet.

---

[24] S. o. § 5 VIII. 2.

II. Wahlrecht des Käufers vor Gefahrübergang?

Spricht man dem Käufer bereits vor Gefahrübergang einen Anspruch auf die mangelfreie Kaufsache aus § 433 Abs. 1 S. 2 BGB zu, so ist zwischen Mangelbeseitigung und Ersatzlieferung zu wählen. Die entscheidende Frage ist dann, wem dieses Wahlrecht zustehen soll. Nimmt man in Anlehnung an § 439 Abs. 1 BGB ein Wahlrecht des Käufers an,[25] so bedeutet dies für den Verkäufer eine höhere Belastung.[26] Er ist nunmehr bereits vor Gefahrübergang einem Wahlrecht des Käufers und damit dessen Einwirkung auf seinen Betrieb ausgesetzt. Dies greift empfindlich in die unternehmerische Freiheit des Verkäufers ein; ist er Verbraucher, so ist seine allgemeine Handlungsfreiheit betroffen. Der Verkäufer kann allein beurteilen, wie er seiner Verpflichtung zur mangelfreien Leistung auch unter ökonomischen Gesichtspunkten am besten nachkommt. Dazu bedarf es der Kenntnis der Betriebsabläufe und der Rechtsbeziehungen zu den Lieferanten. Hier fehlt dem Käufer jeglicher Einblick, der ihm aus Gründen der Geheimhaltung von Geschäfts- und Betriebsgeheimnissen in der Regel ohnehin zu versagen ist. Erst dann, wenn der Verkäufer sich entschieden hat, wie er seine Verpflichtung aus § 433 Abs. 1 S. 2 BGB zu erfüllen gedenkt, und es gleichwohl im Zuge der Übereignung zur mangelhaften Leistung kommt, liegt das Wahlrecht im Sinne der §§ 437, 439 Abs. 1 BGB sachgerecht beim Käufer. Denn nunmehr ist dessen Betriebssphäre und beim Verbraucher dessen Handlungsfreiheit betroffen. Selbst hier bleiben aber die unternehmerischen Interessen des Verkäufers zu berücksichtigen, wie sich aus § 439 Abs. 4 BGB ergibt. Die Unverhältnismäßigkeit der Mangelbeseitigung und/oder der Nachlieferung kann zum Wegfall des Wahlrechts bis hin zum gänzlichen Ausschluss des Nacherfüllungsanspruchs führen.[27] Haben die wirtschaftlichen Interessen des Verkäufers aber noch Einfluss auf die Rechtssphäre des Käufers, so wiegen sie in der Sphäre des Verkäufers vor Gefahrübergang umso schwerer.

Der Käufer ist durch die Versagung eines Wahlrechts vor der Erfüllung nicht unangemessen benachteiligt. Er ist ausreichend dadurch geschützt, dass er nicht zur Abnahme einer mangelhaften Kaufsache verpflichtet ist. Zudem kann er dem Verkäufer eine Frist zur mangelfreien Leistung setzen. Nach deren Ablauf geht zwar nicht das Wahlrecht des Verkäufers auf ihn über, der Käufer kann aber gemäß § 323 Abs. 1, 1. Fall BGB vom Kaufvertrag zurücktreten und/oder gemäß § 281 Abs. 1 S. 1, 1. Fall BGB Schadensersatz statt der Leistung verlangen.

---

[25] Zur Annahme eines Wahlrechts des Verkäufers s. sogleich unter IV.

[26] Anders *Faust*, in: BeckOK (Stand: 01.08.2022), § 433, Rn. 43.

[27] Dies gilt durch die Streichung von § 475 Abs. 4 BGB a.F. auch für Verbraucherverträge. Die Norm, die zum 01.01.2022 in Umsetzung der Warenkaufrichtlinie ersatzlos aufgehoben wurde, behielt dem Verbraucher zumindest eine Art der Nacherfüllung vor. Nunmehr ist auch der Verbraucher auf Minderung und Rücktritt verwiesen, BT-Drs. 19/27424, S. 29.

III. Ersetzungsbefugnis oder Recht zum Teilrücktritt des Käufers?

Den Bedenken an einer Anspruchsqualität von § 433 Abs. 1 S. 2 BGB könnte durch eine Abstufung zum Anspruch aus § 433 Abs. 1 S. 1 BGB Rechnung getragen werden. Im Sinne einer Ersetzungsbefugnis liegt es nahe, dem Käufer vorrangig aus § 433 Abs. 1 S. 2 BGB den Anspruch auf die mangelfreie Leistung zu gewähren und den Anspruch auf die bislang mangelhafte Leistung aus § 433 Abs. 1 S. 1 BGB erst nach Fristablauf zur „Nacherfüllung" zuzusprechen.[28] Solange dieser nicht geltend gemacht würde, verbliebe es bei dem Anspruch auf die mangelfreie Leistung aus § 433 Abs. 1 S. 2 BGB. Ein solches Verständnis wird dem Gedanken vom Vorrang der Nacherfüllung gerecht, stellt damit aber letztlich wieder auf § 437 BGB ab. Für ein Wahlrecht des Käufers vor Gefahrübergang fehlt die Rechtsgrundlage. Es ist auch nicht als Recht zum Teilrücktritt gemäß § 323 Abs. 1 BGB darstellbar. Denn die mangelhafte Kaufsache ist als solche nicht teilbar. Der Mangel lässt sich nicht von der Kaufsache separieren. Der Gläubiger hat in Bezug auf die Mangelhaftigkeit keinen abtrennbaren Anspruch aus § 433 Abs. 1 S. 2 BGB, von dem er im Wege des Teilrücktritts Abstand nehmen könnte.[29]

IV. Wahlrecht des Verkäufers vor Gefahrübergang?

Den geäußerten Bedenken könnte man begegnen, indem man dem Verkäufer das Wahlrecht zur Erfüllung eines der beiden Ansprüche aus § 433 Abs. 1 S. 1 BGB und aus § 433 Abs. 1 S. 2 BGB überlässt. Ebenso könnte man dem Verkäufer das Wahlrecht im Zuge von § 433 Abs. 1 S. 2 BGB zwischen der Mangelbeseitigung und Ersatzlieferung belassen. Gewonnen wäre damit jedoch nichts. Im Ergebnis stünde dem Käufer nicht mehr zu, als ihm nach dem diesseitigen Standpunkt aus § 433 Abs. 1 S. 1 BGB zu gewähren ist. Er kann als kleinsten gemeinsamen Nenner lediglich die Übereignung der Kaufsache im derzeitigen Zustand verlangen. Das Entscheidungsrecht, wie der Anspruch zu erfüllen ist, steht dem Verkäufer zu.

Sieht man § 433 Abs. 1 S. 2 BGB als den vorrangigen Anspruch,[30] bliebe dem Käufer immerhin die Möglichkeit, den Verkäufer aus § 433 Abs. 1 S. 2 BGB alternativ auf Mangelbeseitigung oder Ersatzlieferung in Anspruch zu nehmen und zu verklagen. Die alternative Klagehäufung ist dann zulässig, wenn das Wahlrecht beim Beklagten, also dem Schuldner liegt. Spätestens in der Vollstreckung ginge das Wahlrecht jedoch gemäß § 264 Abs. 1 BGB auf den Käufer über mit den entsprechend einschneidenden Wirkungen für den Verkäufer. Ein Anspruch aus § 433 Abs. 1 S. 2 BGB wäre mit Blick auf die Untätigkeit des Verkäufers abgemildert,

---

[28] So *Faust*, in: BeckOK (Stand: 01.08.2022), § 433, Rn. 43.

[29] Zur verfehlten Gleichstellung der „qualitativen Teilunmöglichkeit" mit der quantitativen Teilunmöglichkeit s. gesondert unter § 14 V.

[30] S. o. III.

bliebe aber ein unzulässiger Eingriff in dessen Betriebssphäre. Zudem ändert dies nichts an dem Umstand, dass der Gesetzgeber den Nacherfüllungsanspruch gemäß §§ 437 Nr. 1, 439 BGB an den vorherigen Gefahrübergang knüpft. Für eine Vorverlagerung dieses Anspruchs fehlt die Rechtsgrundlage. Dies verdeutlicht ein Blick auf § 323 Abs. 4 BGB.

V. Die Vorverlagerung von Rechten im Lichte von § 323 Abs. 4 BGB

Das Zivilrecht kennt durchaus eine Vorverlagerung von Rechten, wenn dies auch nur singulär für den Rücktritt normiert ist. Die maßgebliche Vorschrift ist § 323 Abs. 4 BGB. So kann der Gläubiger bereits vor dem Eintritt der Fälligkeit der Leistung zurücktreten, wenn offensichtlich ist, dass die Voraussetzungen des Rücktritts eintreten werden. Es ist also im Wege einer Prognoseentscheidung auf die Voraussetzungen des Rücktritts nach Fälligkeit abzustellen. Deren Eintritt muss offensichtlich sein. Dies ist in der vorliegenden Konstellation jedoch nicht der Fall, da der Verkäufer jederzeit noch vor Gefahrübergang die Mangelfreiheit der Kaufsache herbeiführen kann.[31] Lediglich dann, wenn der Verkäufer die Leistung ernsthaft und endgültig verweigert, lässt § 323 Abs. 4 BGB einen vorzeitigen Rücktritt zu.[32]

An diese Überlegungen zu den Voraussetzungen für ein antizipiertes Rücktrittsrecht anknüpfend hilft eine analoge Anwendung von § 323 Abs. 4 BGB für einen antizipierten Nacherfüllungsanspruch aus § 439 Abs. 1 BGB nicht weiter. Das Gesetz schließt also einen antizipierten Anspruch auf Mangelbeseitigung oder Ersatzlieferung vor Gefahrübergang aus. Dies gilt auch bei ernsthafter und endgültiger Leistungsverweigerung des Verkäufers. Denn ein antizipierter Nacherfüllungsanspruch würde unverändert, wenn auch abgemildert, in unzulässiger Weise in die Betriebssphäre des Verkäufers einwirken. Auch unter dem Blickwinkel von § 323 Abs. 4 BGB kommt § 433 Abs. 1 S. 2 BGB folglich keine Anspruchsqualität im Sinne eines antizipierten Nacherfüllungsanspruchs zu.

VI. Erschwerte Klagbarkeit und Vollstreckbarkeit eines Anspruchs aus § 433 Abs. 1 S. 2 BGB

Unabhängig von den bisherigen Überlegungen stellt sich die Frage nach der Klagbarkeit und Vollstreckbarkeit eines Anspruchs des Käufers auf die mangelfreie

---

[31] Zu der Konstellation, dass die mangelfreie Leistung nicht möglich ist, gesondert unter § 14.

[32] So auch BGH NJW 1961, 772 (774); 1995, 1737 (1738), gestützt allerdings auf § 242 BGB.

Leistung aus § 433 Abs. 1 S. 2 BGB. Da eine alternative Klagehäufung, vorliegend mit dem Anspruch aus § 433 Abs. 1 S. 1 BGB, wegen der damit verbundenen Rechtsunsicherheiten für den Beklagten unzulässig ist,[33] wäre der Käufer gehalten, sein Wahlrecht vorab auszuüben. Bei Annahme einer Ersetzungsbefugnis wäre dies hingegen aufgrund der Abstufung nicht erforderlich.

So oder so ergäbe sich aber im Zuge von § 433 Abs. 1 S. 2 BGB die Notwendigkeit einer Stufenklage. Entscheidet sich der Käufer nämlich für die Mangelbeseitigung,[34] so ist der Verkäufer im ersten Schritt zur Mangelbeseitigung aus § 433 Abs. 1 S. 2 BGB und im zweiten Schritt zur Übereignung aus § 433 Abs. 1 S. 1 BGB zu verurteilen. Dabei ergibt sich im ersten Schritt die Schwierigkeit, im Hinblick auf die Mangelbeseitigung einen hinreichend bestimmten Klageantrag zu formulieren. Im Zuge der anschließenden Vollstreckung ergeben sich Erschwernisse hinsichtlich der Differenzierung zwischen vertretbarer und unvertretbarer Handlung sowie der Vollstreckung gemäß § 887 ZPO oder § 888 ZPO. Diesen dornigen Weg wird der Käufer als Kläger kaum gehen wollen. Er könnte ihm entgehen, indem er sich nicht für die Mangelbeseitigung, sondern für die Ersatzlieferung entscheidet. Hier ergibt sich allerdings das Problem, ohne Einblick in die Sphäre des Schuldners überhaupt beurteilen zu können, ob ein Ersatzgegenstand zu beschaffen ist, weshalb zusätzlich ein vorheriger Auskunftsanspruch zu bedenken wäre. Der Ersatzgegenstand müsste zudem im Klageantrag bestimmt genug bezeichnet werden. Die Notwendigkeit einer anschließenden Stufenklage entfiele hingegen. Die Vollstreckung wäre gemäß §§ 883, 894 ZPO zu erwirken.

Den kritischen Ausführungen zum Anspruch auf Mangelbeseitigung ließe sich entgegnen, dass das Wahlrecht des Käufers nach Übereignung der mangelhaften Kaufsache zu ähnlichen Schwierigkeiten für den Käufer führt. Wählt der Käufer im Zuge von § 437 BGB den vorrangigen Weg der Nacherfüllung und will er den Anspruch aus § 439 Abs. 1 BGB klageweise durchsetzen, verbleibt ihm bei Wahl der Mangelbeseitigung ebenso nur der dornige Weg der Vollstreckung gemäß §§ 887, 888 ZPO. Ihm bleibt jedoch eine Stufenklage erspart, was eine erhebliche Erleichterung mit sich bringt.

Im Ergebnis untermauern die Überlegungen, dass für die Annahme eines Anspruchs aus § 433 Abs. 1 S. 2 BGB nicht nur die Rechtsgrundlage fehlt, sondern letztlich auch die maßgebliche Interessenlage. Was nutzt also die Annahme eines Anspruchs, wenn dessen Durchsetzung für den Käufer nicht wirklich von Interesse ist.

Am Ende bleibt der Anspruch des Käufers aus § 433 Abs. 1 S. 1 BGB auf Übereignung der Kaufsache in ihrem derzeitigen Zustand. Dieser Anspruch lässt sich

---

[33] BGHZ 189, 56 (60, Rn. 8 f.); *Becker-Eberhard*, in: Münchener Kommentar zur ZPO, § 260, Rn. 23; *Foerste*, in: Musielak/Voit, § 260, Rn. 7.

[34] Will man das Wahlrecht beim Verkäufer ansiedeln, ergeben sich entsprechende Probleme im Zuge einer alternativen Klage (s. o. IV.) und der anschließenden Vollstreckung.

im Klageverfahren klar bezeichnen, da er unmittelbar die Kaufsache betrifft. Die Vollstreckung ist gemäß §§ 883, 894 ZPO sichergestellt.

VII. Zwischenergebnis

Anspruch und Pflicht bedingen einander nur insoweit, als die Pflicht selbstständig klagbar ist. Das ist bei § 433 Abs. 1 S. 2 BGB nicht der Fall. Es handelt sich um eine bloße Leistungsmodalität. Erst ihre Verletzung löst sekundäre Gewährleistungsrechte aus. In Erscheinung tritt eine solche Verletzung im Zuge der Erfüllung der Pflicht zur Übereignung der Kaufsache aus § 433 Abs. 1 S. 1 BGB. Demzufolge ist die Sanktion der Pflichtverletzung konsequent auf § 437 BGB beschränkt.

Klagbare Pflichten ergeben sich in Bezug auf die Kaufsache nur aus § 433 Abs. 1 S. 1 BGB für den Verkäufer, was die Übereignung anbelangt, und für den Käufer aus § 433 Abs. 2, 2. Fall BGB, was die Abnahme anbelangt. Damit korrespondieren wechselseitige Ansprüche des Käufers wie des Verkäufers.

Der Käufer hat bei Mangelhaftigkeit der Kaufsache aus § 433 Abs. 1 S. 1 BGB (nur) einen Anspruch auf die Übereignung der Kaufsache in ihrem derzeit mangelhaften Zustand. Hingegen ist der Käufer nur zur Abnahme der mangelfreien Kaufsache verpflichtet. Bereits unerhebliche oder unwesentliche Mängel lassen die Abnahmepflicht entfallen. Darüber hinaus ist der Käufer bei fehlender mangelfreier Leistung trotz Fristsetzung durch die Möglichkeit des Rücktritts, § 323 Abs. 1 S. 1, 1. Fall BGB, und/oder des Anspruchs auf Schadensersatz statt der Leistung aus §§ 280 Abs. 1, Abs. 3, 281 Abs. 1 S. 1, 1. Fall BGB angemessen geschützt.

§ 7 Die Gegenleistung und ihre Zurückweisung

Der Käufer ist gemäß § 433 Abs. 2, 1. Fall BGB zur Zahlung des Kaufpreises verpflichtet, der Verkäufer hat den daraus resultierenden Anspruch. Mangels weitergehender Regelung trifft ihn hingegen keine Pflicht zur Abnahme, also zur Entgegennahme des Kaufpreises. Die in § 433 BGB normierte Abnahmepflicht beschränkt sich auf die Sachleistung, was dem Interesse des Verkäufers am Absatz seiner Ware Rechnung trägt. Für die Gegenleistung, die Zahlung, ergibt sich kein vergleichbares Interesse des Käufers. Den Verkäufer trifft also keine Pflicht, wohl aber eine Obliegenheit zur Annahme der Gegenleistung. Verweigert er die Entgegennahme, gerät er gemäß § 293 BGB in Annahmeverzug.

Zahlt der Käufer nicht den vollständigen Kaufpreis, verstößt er gegen § 266 BGB. Nach dieser Vorschrift ist der Schuldner zu Teilleistungen nicht berechtigt. Der Verkäufer kann die Annahme einer Teilzahlung also im Sinne der vorliegenden

Untersuchung zurückweisen.[35] Er gerät nicht in Annahmeverzug. Denn dieser setzt gemäß § 294 BGB voraus, dass die Leistung *„so, wie sie zu bewirken ist, tatsächlich angeboten wird."* Zu bewirken ist sie aber gemäß § 266 BGB in vollständigem Umfang. Man könnte also auch auf der Seite des Verkäufers von einem Zurückweisungsrecht sprechen.

Die Überlegungen nähern sich den Wurzeln des Zurückweisungsrechts. Der Blick richtet sich über den Gewährleistungsfall hinaus. Mit anderen Worten ist die Lösung im Sinne des Klammerprinzips sowohl für die Gegenleistung als auch für die Sachleistung im allgemeinen Schuldrecht zu suchen.

§ 8 Auf der Suche nach einer Definition des Zurückweisungsrechts

Die einleitenden Überlegungen haben bereits veranschaulicht, dass das Bürgerliche Gesetzbuch ein Zurückweisungsrecht als eigenständiges Rechtsinstitut nicht kennt.[36] Zu heterogen ist darüber hinaus die Verwendung dieser Begrifflichkeit. Es ist folglich zu differenzieren. Was die Zurückweisung von Leistung und Gegenleistung bei der Abwicklung eines Vertrages anbelangt, sind die kaufrechtlichen Überlegungen insofern zielführend. Das Zurückweisungsrecht kennzeichnet hier die Situation, dass der Verkäufer pflichtwidrig, nämlich unter Verstoß gegen § 433 Abs. 1 S. 2 BGB, dem Käufer eine mangelhafte Sache zur Übereignung anbietet.

I. Weder Zurückweisung noch Recht des Gläubigers

Das Zivilrecht basiert auf einem System der Anspruchsgrundlagen. In dieses System lässt sich ein Zurückweisungsrecht nicht einfügen. Der Begriff des Rechts reicht im zivilrechtlichen Sinne hingegen weiter. Er umfasst insbesondere auch ein Gestaltungsrecht. Auch dieses ist jedoch mit dem Begriff des Zurückweisungsrechts nicht gemeint. Es geht um das bloße „Recht" des Käufers, seiner „Pflicht" zur Abnahme nicht nachkommen zu müssen, die Abnahme also berechtigterweise zu „unterlassen". Der Verweigerung der Abnahme kommt keine rechtsgestaltende Wirkung zu. Demzufolge ist auch die Bezeichnung „Zurückweisung" in gewisser Weise irreführend. Es geht nicht um eine Handlung des Käufers in Form der „Zurückweisung", sondern um eine Unterlassung in Form der Nichtvornahme der Abnahme. Der Käufer handelt gleichsam rechtmäßig, wenn er die Ware nicht abnimmt,

---

[35] Von dieser rechtlichen Frage zu unterscheiden ist die wirtschaftliche Frage nach dem Sinn einer solchen Zurückweisung. Hat der Verkäufer aber ein Insolvenzrisiko des Käufers nicht zu befürchten, kann im Blick auf fortlaufende Verzugszinsen die Zurückweisung einer Teilzahlung auch wirtschaftlich sinnvoll sein.

[36] S. o. § 2 und § 3.

sie also zurückweist. Dies offenbart, dass auch der Begriff des „Rechts" im vorliegenden Kontext irreführend ist. Denn nicht im Zivilrecht, sondern vorrangig im Strafrecht geht es um die Rechtmäßigkeit einer Handlung oder Unterlassung.

Es handelt sich also beim Zurückweisungsrecht nicht um ein „Recht" im zivilrechtlichen Sinne. Dieses ist dadurch gekennzeichnet, dass es eine Bezugsperson hat und auf die Herbeiführung einer Rechtsfolge gerichtet ist. Im Gegenteil kennzeichnet das Zurückweisungsrecht aber eine Situation, in der die „Zurückweisung" ohne Rechtsfolgen bleibt. Der Zurückweisende erlangt aus der Wahrnehmung seines „Rechts" keinen Rechtsvorteil, da der rechtliche Status quo unverändert bleibt. Entsprechendes gilt für den Schuldner, der zur Leistung verpflichtet bleibt.

Mit dem Begriff des Zurückweisungsrechts ist schließlich auch keine „Berechtigung" gemeint, denn diese bezieht sich auf die Inhaberschaft eines Rechts im Sinne des Sachenrechts. Wollte man Recht zuletzt als Synonym für ein „gerechtes" Ergebnis verstehen, verkommt der Begriff zum Allgemeinplatz. Die Überlegungen belegen, dass mit dem Begriff des Zurückweisungsrechts nichts gewonnen ist. Im Gegenteil unterstreichen sie die Gefahr einer Verselbstständigung des Begriffs zu einem Recht, das es als solches nicht gibt.

II. Pflichtwidrigkeit des Schuldners

Lässt sich das Zurückweisungsrecht nicht mit einem Recht des Gläubigers in Verbindung bringen, so erweist es sich, dass Bezugsperson der Schuldner ist. Zivilrechtlich geht es im Ausgangspunkt um die Situation, dass den Käufer keine Pflicht zur Abnahme der mangelhaften Kaufsache trifft. Reflexartig resultiert daraus das „Recht" des Käufers, die Abnahme zu verweigern. Die maßgebliche Wurzel liegt also im pflichtwidrigen Handeln des Schuldners begründet, vorliegend im Verstoß des Verkäufers gegen seine Verpflichtung aus § 433 Abs. 1 S. 2 BGB. Das Recht auf Zurückweisung ist hierfür lediglich eine Umschreibung, nämlich die positive Sicht des Käufers.

III. Synonym des fehlenden Annahmeverzugs

Die kaufrechtlichen Überlegungen veranschaulichen, dass auch der Verkäufer ein Recht auf Zurückweisung hat, wenn der Käufer pflichtwidrig nur eine Teilzahlung erbringen will. Hier trifft den Verkäufer zwar keine Pflicht zur Annahme des (vollständigen) Kaufpreises, hingegen eine Obliegenheit. Für das Zurückweisungsrecht ist also nicht die Person des Gläubigers, sondern diejenige des Schuldners maßgeblich. Handelt dieser pflichtwidrig, so trifft den Gläubiger weder eine Pflicht noch eine Obliegenheit zur Annahme. Als kleinster gemeinsamer Nenner für das Zurückweisungsrecht erweist sich damit das Rechtsinstitut des Annahmeverzugs.

Das Zurückweisungsrecht umschreibt offensichtlich eine solche Situation, in der die Ablehnung der Entgegennahme der geschuldeten Leistung durch den Gläubiger zu keinen Nachteilen für ihn führt.[37] Es geht also um eine begriffliche Negation des Annahmeverzugs. Hier hat das „Zurückweisungsrecht" den sprachlichen Vorteil, die zugrunde liegende Fallkonstellation mit einem Schlagwort kennzeichnen zu können. Verbunden ist damit jedoch – wie die Entwicklung im Kaufrecht verdeutlicht – der Nachteil der begrifflichen Verselbstständigung.

§ 9 Die Rechtsgrundlagen des Zurückweisungsrechts

Die Frage nach einem Zurückweisungsrecht des Gläubigers stellt sich nur dann, wenn der Schuldner auf dessen Mitwirkung bei der Erfüllung seiner Leistungspflicht angewiesen ist. Dies entspricht der Konstellation des Annahmeverzugs, der im Gegensatz zum Zurückweisungsrecht als eigenständiges Rechtsinstitut im Zivilrecht verankert und detailliert normiert ist. Spricht man also von einem Zurückweisungsrecht, ist damit der Befund ausgesprochen, dass die Voraussetzungen der §§ 293 bis 299 BGB nicht erfüllt sind.

I. § 294 BGB als Ausdruck eines allgemeinen Zurückweisungsrechts

Gemäß § 294 BGB muss die Leistung dem Gläubiger so angeboten werden, „wie sie zu bewirken ist". Gemeint ist damit nicht nur die primäre Leistungspflicht, sondern die Einhaltung sämtlicher Leistungsmodalitäten.[38] Dazu zählen neben dem Leistungsort und der Leistungszeit auch die Verpflichtung aus § 433 Abs. 1 S. 2 BGB, die Sache mangelfrei zu übereignen. Verletzt der Schuldner eine dieser Leistungsmodalitäten, bietet er die Leistung nicht so an, „wie sie zu bewirken ist".[39] Der Gläubiger hat spiegelbildlich „ein Recht darauf, die Leistung zurückzuweisen". Die Zurückweisung, mithin die Nichtannahme, bleibt ohne nachteilige Folgen für den Gläubiger.

Die systematische Verankerung von § 294 BGB im allgemeinen Schuldrecht veranschaulicht, dass das „Zurückweisungsrecht" kein Privileg des Käufers bei Angebot einer mangelhaften Kaufsache ist, sondern jegliche Konstellation des

---

[37] In diesem Sinne wird gemeinhin darauf verwiesen, dass durch das Zurückweisungsrecht der Annahmeverzug ausbleibe, so *Ernst*, in: Münchener Kommentar, § 294, Rn. 6; *Lorenz*, in: BeckOK (Stand: 01.08.2022), § 294, Rn. 6; *Faust*, in: BeckOK (Stand: 01.08.2022), § 433, Rn. 43, und *Beckmann*, in: Staudinger, § 433, Rn. 132, womit beide Rechtsinstitute aber voneinander unterschieden und nicht als Kehrseite derselben Medaille verstanden werden.

[38] *Grüneberg*, in: Grüneberg, § 294, Rn. 4, und *Dötterl*, in: BeckOGK (Stand: 01.07. 2022), § 294, Rn. 17, wobei *Dötterl* gesondert auf die mangelhafte Leistung eingeht.

[39] Ebenso BGH NJW 2017, 1100 (1103). Dazu im Widerspruch will der BGH das Zurückweisungsrecht aber auf ein Zurückbehaltungsrecht stützen, s. dazu ausführlich unter § 13.

Annahmeverzugs betrifft. Die Leistung ist in diesem Sinne auch dann „mangelhaft", wenn der Leistungsort oder die Leistungszeit nicht eingehalten ist.[40] Auch dann steht dem Gläubiger ein „Zurückweisungsrecht" zu.[41]

II. Das Fehlen einer Erheblichkeitsschwelle

Bemerkenswert ist, dass § 294 BGB – sieht man von dem allgemeinen Vorbehalt des § 242 BGB ab[42] – ebenso wenig wie § 433 Abs. 1 S. 2 BGB[43] eine Erheblichkeitsschwelle in Bezug auf die Verletzung einer Leistungsmodalität vorsieht.[44] Das rechtfertigt sich aus dem Umstand, dass vor Annahme der schuldnerischen Leistung kein Vertrauensschutztatbestand geschaffen ist.[45] Lehnt der Gläubiger die Leistung ab, verstetigt sich lediglich der Status quo. Da der Gläubiger zudem keinen primären Anspruch auf die Einhaltung der Leistungsmodalität hat, bedarf es des Druckmittels der Zurückweisung, um den Schuldner auf diese Weise zur ordnungsgemäßen Leistung anhalten zu können.[46] Nur auf diesem Wege bleibt dem Gläubiger schließlich der spätere Aufwand der Geltendmachung gesonderter vertraglicher Sekundäransprüche erspart.

III. Die Bündelung sämtlicher Leistungsmodalitäten mittels § 294 BGB

Man könnte es als selbstverständlich erachten, dass der Gläubiger nur die pflichtgemäße Leistung des Schuldners anzunehmen hat. § 294 BGB käme dann eine rein deklaratorische Wirkung zu. Die rechtliche Verselbstständigung des Zu-

---

[40] *Dötterl*, in: BeckOGK (Stand: 01.07.2022), § 294, Rn. 17, nennt als weiteres Beispiel für eine Leistungsmodalität die Art der Verpackung des Kaufgegenstands.

[41] Für die Leistungszeit ist dieses „Zurückweisungsrecht" gemäß § 299 BGB modifiziert; näher dazu unter § 9 VII.

[42] *Ernst*, in: Münchener Kommentar, § 294, Rn. 6, sieht just im Fall eines unerheblichen Mangels einen Fall des Ausschlusses gemäß § 242 BGB. Demgegenüber verneint *Lorenz*, in: BeckOK (Stand: 01.08.2022), § 294, Rn. 6, auch beim unerheblichen Mangel ein ordnungsgemäßes Angebot. *Büdenbender*, in: NomosKommentar, § 437, Rn. 37, zieht hingegen die Schwelle der Erheblichkeit der §§ 281 Abs. 1 S. 3, 323 Abs. 5 S. 2 BGB heran. Vom Angebot eher begrifflich losgelöst lässt *Dötterl*, in: BeckOGK (Stand: 01.07.2022), § 294, Rn. 24 ff., ein Zurückweisungsrecht je nach Erheblichkeit und Behebbarkeit des Mangels differenziert zu.

[43] S. dazu bereits oben unter § 5 X.

[44] So auch *Ostendorf*, NJW 2017, 1100 (1103).

[45] S. zu diesem Aspekt ausführlich unter § 14 XVII. 7.

[46] Zu Recht weist auch BGH NJW 2017, 1100 (1101); NJW-RR 2022, 808 (810, Rn. 17 ff.), im Zuge des Zurückbehaltungsrechts aus § 320 BGB (s. dazu gesondert unter § 13 IV. und im Zweiten Teil unter § 21 I.) auf dessen Funktion als Druckmittel hin; ebenso *Riehm*, JuS 2017, 463 (466).

rückweisungsrechts im Kaufrecht belegt jedoch eindrucksvoll die Existenzberechtigung dieser Vorschrift im allgemeinen Schuldrecht. Erst § 294 BGB sorgt im Zeitpunkt der Annahme der Leistung für die Bündelung sämtlicher Leistungsmodalitäten und erzwingt ihre uneingeschränkte Einhaltung. Der Wortlaut *„wie sie zu bewirken ist"* lässt Raum für alle gesetzlich vorgesehenen wie auch vertraglich vereinbarten Leistungsmodalitäten. Zudem ist das Rechtsinstitut des Annahmeverzugs nicht auf die singuläre Vorschrift des § 294 BGB beschränkt, sodass in den Folgevorschriften weitergehende Rechtsfragen zum Zurückweisungsrecht ihre gesetzlich verankerte Antwort finden.

IV. Schuldnerseitige Formulierung von § 294 BGB

Aus gutem Grund ist § 294 BGB aus der Sicht des Schuldners formuliert. Es geht um die Einhaltung der Leistungsmodalitäten, die seitens des Gläubigers nicht klagbar sind. Auf seiner Seite geht es allein um den Anspruch auf die vertraglich geschuldete Leistung. Aus gutem Grund entspricht die Formulierung von § 294 BGB daher derjenigen der Vorschriften zu den Leistungsmodalitäten. Nicht anders ist auch § 433 Abs. 1 S. 2 BGB als Leistungspflicht aus Sicht des Schuldners formuliert.

V. Gläubigerseitige Formulierung von § 294 BGB als Zurückweisungsrecht

Der Annahmeverzug als Grundlage des Zurückweisungsrechts ergibt sich aus einer Negation der in § 294 BGB gewählten Formulierung. Aus der Sicht des Gläubigers formuliert lautet die Vorschrift wie folgt: *„Der Gläubiger ist zur Zurückweisung der Leistung berechtigt, wenn der Schuldner sie nicht so anbietet, wie sie zu bewirken ist."* Hingegen wird allein die derzeitige Gesetzesfassung von § 294 BGB der schuldrechtlichen Natur der Norm gerecht. Es handelt sich beim zweiten Buch des Bürgerlichen Gesetzbuches um Schuldrecht, nicht um Gläubigerrecht.

VI. Zug-um-Zug-Einrede als vom Gläubiger zu beachtende Leistungsmodalität

Bietet der Verkäufer dem Käufer die Übereignung der Kaufsache an, ohne dass der Käufer bereit ist, seinerseits den Kaufpreis zu zahlen, verhält sich der Käufer pflichtwidrig. Er verstößt gegen die Leistungsmodalität aus § 320 BGB zur Abwicklung des Kaufvertrages Zug um Zug. Folglich gerät der Käufer gemäß § 298 BGB auch dann in Annahmeverzug, wenn der Verkäufer die Kaufsache mit Blick auf die fehlende Gegenleistung zurückhält. Der Käufer ist es, der pflichtwidrig handelt. Ihm steht kein Zurückweisungsrecht zu, weil der Verkäufer pflichtgemäß handelt.

Mit der Versagung eines Zurückweisungsrechts wäre die Konstellation der Zug-um-Zug-Leistung jedoch unzureichend umschrieben. Denn entscheidend für den Verkäufer ist nicht, dass dem Käufer kein Zurückweisungsrecht zusteht, sondern dass der Käufer in Annahmeverzug gerät, ohne dass ihm der Verkäufer die Kaufsache zu übereignen braucht. Dies ergibt sich erst aus § 298 BGB. Der Begriff des Zurückweisungsrechts umschreibt also nur unzulänglich die Konstellation des Annahmeverzugs bei Zug um Zug zu erbringenden Leistungen. Hier wandelt sich erst mittels § 298 BGB die Verpflichtung des Schuldners, seine Leistung im Sinne von § 294 BGB vertragsgemäß zu erbringen, in ein Recht des Verkäufers zum Rückbehalt. Aufgrund der nicht angebotenen Gegenleistung, bei der es sich um eine vom Gläubiger bei der Annahme der Leistung des Schuldners zu beachtende Leistungsmodalität handelt, ist der Schuldner zum Rückhalt seiner Leistung berechtigt. Allein die Negierung eines Zurückweisungsrechts des Käufers aufgrund des vertragskonformen Angebots des Verkäufers würde zum gegenteiligen Ergebnis führen. Sie ließe die Verpflichtung des Verkäufers unberührt bestehen.

VII. Konkretisierung des Zurückweisungsrechts bei ungewisser Leistungszeit mittels § 299 BGB

Die Frage, unter welchen Voraussetzungen der Gläubiger zur Zurückweisung der Leistung des Schuldners berechtigt ist, stellt sich auch in Bezug auf die Leistungszeit. Stellt man im Sinne eines Zurückweisungsrechts allein auf die geschuldete Leistungszeit ab, so wäre der Gläubiger bei jeglicher zeitlichen Abweichung zur Zurückweisung berechtigt. Bei verspäteter Leistung würde diese gleichsam unmöglich.[47] Umgekehrt wäre auch eine verfrühte Leistung ausgeschlossen. Dies wird jedoch mittels § 271 Abs. 2 BGB korrigiert, indem der Schuldner im Zweifel schon früher zu leisten berechtigt ist. In dieser Konsequenz wäre ein Zurückweisungsrecht bei verfrühter Leistung ausgeschlossen. Eine differenzierende Lösung, insbesondere bei fehlender Bestimmung einer Leistungszeit, ermöglicht hingegen § 299 BGB. Hat der Schuldner die Leistung nicht rechtzeitig vorher angekündigt, führt eine vorübergehende Verhinderung des Gläubigers noch nicht zum Annahmeverzug, wohingegen ihm gemäß § 294 BGB ein Zurückweisungsrecht zu versagen wäre. Mit dem Begriff des Zurückweisungsrechts ist also auch an dieser Stelle nichts gewonnen. Maßgeblich sind die gesetzlichen Konkretisierungen im Zuge des Annahmeverzugs.

---

[47] S. zum Schuldnerverzug sogleich im Anschluss unter § 10.

§ 10 Verhältnis des Zurückweisungsrechts zum Schuldnerverzug

Die Vorschriften zum Annahmeverzug gehen lediglich von einer Obliegenheit des Gläubigers zur Entgegennahme der vertraglich geschuldeten Leistung des Schuldners aus. Im Kaufrecht erstarkt diese Obliegenheit gemäß § 433 Abs. 2, 2. Fall BGB zur klagbaren Verpflichtung.[48] Bei ihrer Verletzung gelangen folglich zugleich die Vorschriften über den Schuldnerverzug zur Anwendung. Für das Zurückweisungsrecht als Spiegelbild des Annahmeverzugs bedarf es hingegen keiner Abnahmepflicht. Die Überschneidung von Annahme- und Schuldnerverzug ist insoweit unerheblich.

Aus den Vorschriften zum Schuldnerverzug ergibt sich gleichwohl für das vorliegende Thema eine weiterführende Erkenntnis. Dies betrifft die bereits angesprochene zeitlich verspätete Leistung.[49] Gemäß § 294 BGB würde dieser Verstoß gegen die vertraglich geschuldete Leistungszeit den Gläubiger generell zur Zurückweisung berechtigen. Denn anders als ein Verstoß gegen § 433 Abs. 1 S. 2 BGB lässt sich ein Verstoß gegen die Leistungszeit nicht mehr korrigieren. Aus den Vorschriften zum Schuldnerverzug, §§ 280 Abs. 1, Abs. 2, 286 BGB, ist jedoch abzuleiten, dass die Leistungspflicht fortbesteht und erst nach ergebnisloser Fristsetzung und Rücktritt gemäß § 323 Abs. 1, 1. Fall BGB oder der Geltendmachung von Schadensersatz statt der Leistung gemäß § 281 Abs. 4 BGB untergeht. Besteht die Leistungspflicht aber fort, so trifft auch den Gläubiger in den Grenzen von § 242 BGB die fortdauernde Obliegenheit und – bei gesetzlicher Anordnung oder vertraglicher Abrede – die weitergehende Pflicht zur Annahme der Leistung. Der Schritt zur Unmöglichkeit der Leistung ist erst bei Vorliegen einer absoluten Fixschuld vollzogen.

§ 11 Zurückweisungsrecht und Erfüllungslehre als Kehrseite derselben Medaille

Erbringt der Schuldner seine Leistung pflichtgerecht, so tritt gemäß § 362 Abs. 1 BGB Erfüllung ein. Liegt eine Pflichtwidrigkeit vor, ohne dass der Gläubiger die Leistung aus diesem Grunde ablehnt, tritt gleichermaßen Erfüllung der primären Leistungspflicht, beim Kaufvertrag der Verpflichtung aus § 433 Abs. 1 S. 1 BGB, ein. Gemäß § 363 BGB trägt sodann der Gläubiger die Beweislast dafür, dass es sich um eine andere als die geschuldete Leistung oder um eine unvollständige Leistung handelt. Ist dies der Fall, liegt eine Verletzung von § 433 Abs. 1 S. 2 BGB vor und der

---

[48] Zur Klagbarkeit *Westermann*, in: Münchener Kommentar, § 433, Rn. 69 mit weiteren Nachweisen.

[49] S. o. § 9 VII.

Gläubiger kann bei Mangelhaftigkeit die Rechte aus dem Katalog des § 437 BGB geltend machen. Die Verletzung der Pflicht aus § 433 Abs. 1 S. 2 BGB begründet die sekundären Gewährleistungsrechte aus § 437 BGB. Bei (offener) Unvollständigkeit der Leistung tritt hingegen nur eine teilweise Erfüllung gemäß § 362 Abs. 1 BGB ein.[50] Der Gläubiger kann die Restleistung einfordern. Schließlich kommt eine Leistung an Erfüllungs statt gemäß § 364 Abs. 1 BGB in Betracht, wenn dem Gläubiger eine Abweichung von der geschuldeten Leistung bewusst ist, er die Leistung aber als gleichwertig anerkennt. Bedeutsam wird die Erfüllungslehre mithin erst bei fehlender Zurückweisung. Sie ist gleichsam die Kehrseite der Medaille und wird nur für die Frage relevant, welche Rechte dem Gläubiger nach der Erfüllung verbleiben.

§ 12 Das Verbot von Teilleistungen als Grundlage eines Zurückweisungsrechts?

Das Zurückweisungsrecht des Käufers wird verschiedentlich aus § 266 BGB abgeleitet.[51]

I. § 266 BGB als Leistungsmodalität

Gemäß § 266 BGB ist der Schuldner zu Teilleistungen nicht berechtigt. Naheliegend ist daher der Schluss, dass der Gläubiger zur Zurückweisung einer Teilleistung berechtigt ist. Übergreifend geht es jedoch darum, dass den Gläubiger infolge der Zurückweisung keine Nachteile treffen. Dies ergibt sich aus dem Umstand, dass der Gläubiger gemäß § 294 BGB nicht in Annahmeverzug gerät, wenn der Schuldner die Leistung nicht wie geschuldet anbietet. § 266 BGB umschreibt daran anknüpfend eine von vielen Leistungsmodalitäten.

II. Gemeinsame ratio legis mit § 433 Abs. 1 S. 2 BGB

Der Sinn der Vorschrift des § 266 BGB liegt darin, dem Gläubiger die Unannehmlichkeiten bei der Abwicklung von Teilleistungen zu ersparen.[52] Diese ratio ist keine Eigenart von § 266 BGB, sondern betrifft sämtliche Leistungsmodalitäten. Ihre Beachtung stellt sicher, dass es nicht zu einer Leistungsstörung kommt. Unter

---

[50] Zur verdeckten Mankolieferung und § 434 Abs. 2 S. 2, 2. Fall, Abs. 3 S. 2, 1. Fall BGB s. sogleich unter § 12 III.

[51] S. Nachweise in Fn. 5.

[52] RGZ 79, 359 (361); BGH NJW 2011, 451 (453, Rn. 22); *Bittner/Kolbe*, in: Staudinger, § 266, Rn. 1; *Grüneberg*, in: Grüneberg, § 266, Rn. 1.

diesem Blickwinkel besteht auch der Sinn der Einhaltung der Regelung des § 433 Abs. 1 S. 2 BGB darin, dem Käufer die Unannehmlichkeiten zu ersparen, die aus der Notwendigkeit einer späteren Geltendmachung von Mängelrechten erwachsen würden.

III. Bindeglied in Form der Mankolieferung gemäß § 434 Abs. 2 S. 2, 2. Fall, Abs. 3 S. 2, 1. Fall BGB

Die Wesensverwandtschaft von § 266 BGB mit § 433 Abs. 1 S. 2 BGB findet ihre Bestätigung in § 434 Abs. 2 S. 2, 2. Fall, Abs. 3 S. 2, 1. Fall BGB. Nach dieser Regelung steht die Zuwenigleistung der mangelhaften Leistung gleich. Die Schnittstelle zwischen § 266 BGB und § 434 Abs. 2 S. 2, 2. Fall, Abs. 3 S. 2, 1. Fall BGB bildet der Gefahrübergang. Deshalb beinhaltet auch die offene Mankolieferung, für die § 266 BGB gilt, in Abgrenzung zur verdeckten Mankolieferung gemäß § 434 Abs. 2 S. 2, 2. Fall, Abs. 3 S. 2, 1. Fall BGB eine Leistungsstörung in Form der teilweisen Nichtleistung.[53] Dies wiederum entspricht der Einstufung eines offenen Verstoßes gegen § 433 Abs. 1 S. 2 BGB. Vor Gefahrübergang stehen dem Käufer auch hier die Rechte aus der Nichtleistung zu.[54] Nach Gefahrübergang führt der Verstoß gegen § 433 Abs. 1 S. 2 BGB hingegen mittels § 434 Abs. 1 BGB zur Anwendung des Gewährleistungsrechts, ebenso wie die Mankolieferung mittels § 434 Abs. 2 S. 2, 2. Fall, Abs. 3 S. 2, 1. Fall BGB.

IV. Formulierung aus der Schuldnerperspektive und Reformvorschlag

§ 266 BGB ist wie § 433 Abs. 1 S. 2 BGB aus der Sicht des Schuldners, nicht des Gläubigers, formuliert. § 266 BGB unterscheidet sich allein in der Negation der Formulierung. Ist der Schuldner demnach nicht zu Teilleistungen berechtigt, könnte § 433 Abs. 1 S. 2 BGB gleichermaßen wie folgt formuliert sein: *„Der Verkäufer ist zu einer mangelhaften Leistung nicht berechtigt."* Diese Formulierung würde besser noch dem Missverständnis vorbeugen, es handele sich bei § 433 Abs. 1 S. 2 BGB um eine Anspruchsgrundlage. Dies ist bei § 433 Abs. 1 S. 2 BGB genauso wenig der Fall wie bei § 266 BGB, einzig mit dem Unterschied, dass die fehlende Anspruchsqualität von § 266 BGB außer Streit steht.

Mit Blick darauf, dass es ein Recht zur Leistung genauso wenig gibt wie ein Recht zur Zurückweisung, liegt hingegen eine Anpassung der Formulierung aus § 266 BGB wesentlich näher. Die Vorschrift sollte wie folgt lauten: *„Der Schuldner*

---

[53] *Faust*, in: BeckOK (Stand: 01.08.2022), § 434, Rn. 41; *Saenger*, in: Handkommentar, § 434, Rn. 12.

[54] S. dazu bereits oben unter § 5 IX.

ist zur vollständigen Leistung verpflichtet." Dies würde den schuldrechtlichen Charakter von § 266 BGB in der Parallele zu § 433 Abs. 1 S. 2 BGB unterstreichen.

V. § 294 BGB als gemeinsamer Bezugspunkt

Gemeinsamer Bezugspunkt von § 266 BGB und § 433 Abs. 1 S. 2 BGB bleibt der Annahmeverzug. Bei ordnungsgemäßer Beachtung beider Leistungsmodalitäten durch den Schuldner gerät der Gläubiger bei Zurückweisung der Kaufsache gemäß § 293 BGB in Annahmeverzug. Verstößt der Schuldner jedoch gegen nur eine Leistungsmodalität, unterbindet § 294 BGB infolge der Pflichtwidrigkeit den Annahmeverzug.

VI. Verwerfung einer qualitativen Minderleistung analog § 266 BGB

Ein Zurückweisungsrecht des Käufers bei mangelhafter Kaufsache wird deshalb auf § 266 BGB gestützt, weil die qualitative Minderleistung des Verkäufers einer quantitativen Minderleistung gleichzustellen sei.[55] § 266 BGB wird also analog angewandt.[56] Für eine Analogie mangelt es jedoch ausweislich von § 433 Abs. 1 S. 2 BGB an einer planwidrigen Regelungslücke. Zudem beinhaltet § 266 BGB eine bloße Leistungsmodalität, deren Verletzung erst im Wege von § 294 BGB zu einem Recht auf Zurückweisung führt.

Es mangelt aber auch an einer vergleichbaren Interessenlage. Dies zeigen die Unterschiede von § 433 Abs. 1 S. 2 BGB und § 266 BGB. Die qualitative Minderleistung weist keine Entsprechung zur quantitativen Minderleistung auf. Die Parallele schlägt schon deshalb fehl, weil es bei § 433 Abs. 1 S. 2 BGB an der Teilbarkeit der Leistung fehlt. Es geht auf der vertraglichen Primärebene nicht um eine quantitative Mehrzahl von Leistungspflichten. Die Verpflichtung aus § 433 Abs. 1 S. 2 BGB lässt sich nicht von derjenigen aus § 433 Abs. 1 S. 1 BGB trennen. Gegenstand ist stets die als solche unteilbare Sachleistung. Selbst auf der vertraglichen Sekundärebene ist eine Teilbarkeit zu verneinen. Denn der Anspruch aus § 433 Abs. 1 S. 1 BGB ist nach Übereignung vollständig (!) erfüllt. Die Verletzung der Verpflichtung aus § 433 Abs. 1 S. 2 BGB beinhaltet keine Minderleistung der Verpflichtung aus § 433 Abs. 1 S. 1 BGB, sondern stellt eine eigenständige Pflicht-

---

[55] *Lorenz*, NJW 2013, 1341 (1343); *Wu*, JuS 2020, 394 (396); *Krafka*, in: BeckOGK (Stand: 01.10.2022), § 266, Rn. 34; *Ernst*, in: Münchener Kommentar, § 266, Rn. 4, und *Zöchling-Jud*, in: Prütting/Wegen/Weinreich, § 266, Rn. 6.

[56] *Lorenz*, NJW 2013, 1341 (1343), und *Wu*, JuS 2020, 394 (396), sprechen nicht von einer Analogie, während *Faust*, in: BeckOK (Stand: 01.08.2022), § 433, Rn. 43, diese explizit benennt.

verletzung dar, die in die Gewährleistungsrechte des Käufers mündet, die ihrerseits wiederum unteilbar sind.

Unabhängig von dem unterschiedlichen Ausgangspunkt von § 266 BGB im Vergleich mit § 433 Abs. 1 S. 2 BGB, was die Teilbarkeit der geschuldeten Primärleistung anbelangt, kommt der Aspekt der Teilbarkeit in Bezug auf ein Zurückweisungsrecht schon im Ansatz nicht zum Tragen. Dies hängt damit zusammen, dass dem Gläubiger im Zuge von § 266 BGB ebenso wenig wie im Zuge von § 433 Abs. 1 S. 2 BGB ein Dispositionsrecht zusteht.[57] Die Verpflichtung zur vollständigen und mangelfreien Erbringung der geschuldeten Primärleistung eint beide Vorschriften.

VII. Versagung einer Gläubigerdisposition (auch) bei teilbarer Sachleistung

§ 266 BGB soll im Unterschied zum Schuldner den Gläubiger nicht hindern, seinerseits lediglich eine Teilleistung zu beanspruchen.[58] Diese Prämisse für die analoge Anwendung von § 266 BGB im Fall der qualitativen Minderleistung geht jedoch schon im Ansatz fehl, da dem Gläubiger bereits bei der teilbaren Leistung kein Dispositionsrecht zusteht. Der Schutzzweck von § 266 BGB gelangt auch in umgekehrter Richtung für den Schuldner zur Geltung. Ihm ist gleichermaßen nicht zuzumuten, auf Verlangen des Gläubigers Teilleistungen zu erbringen. Der Schuldner würde nicht anders als der Gläubiger mit einem unbilligen Mehraufwand belastet. Er müsste seine Leistung mehrfach terminieren und durchführen. In der Zwischenzeit oblige ihm die Einlagerung der bei ihm verbleibenden Ware.

Will der Gläubiger die Gesamtleistung nur in Teilen abrufen, muss er dies mit dem Schuldner zuvor vertraglich vereinbaren. Der Schuldner hat dann Gelegenheit, seinen Mehraufwand bei der Ermittlung des Kaufpreises einzukalkulieren. Ist der Schuldner ohne eine solche Abrede hingegen gemäß § 266 BGB zu einer Gesamtleistung verpflichtet, kann der Gläubiger auch nur diese als solche beanspruchen. Anspruch und Pflicht bedingen einander. Dies wird insbesondere im Kaufrecht deutlich. Denn hier korrespondiert mit dem Anspruch des Käufers aus § 433 Abs. 1 S. 1 BGB auf vollständige Übereignung der Kaufsache seine Pflicht zur vollständigen Abnahme aus § 433 Abs. 2, 2. Fall BGB. Die Vorschrift des § 266 BGB gelangt also unmittelbar zugunsten des Verkäufers als Gläubiger des Anspruchs auf die vollständige Abnahme zur Anwendung. Der Käufer ist nicht zur bloßen Teilabnahme berechtigt.

---

[57] S. dazu sogleich unter VII.

[58] BGH NJW 2010, 1958 (1959, Rn. 23), unter Berufung auf ein dem Leistungszweck entsprechendes Gerechtigkeitsgebot, soweit § 242 BGB nicht entgegensteht. Ebenso *Krüger*, in: Münchener Kommentar, § 266, Rn. 21, und uneingeschränkt *Lorenz*, in: BeckOK (01.08. 2022), § 266, Rn. 19, und *Stadler*, in: Jauernig, § 266, Rn. 4.

Im Ergebnis erweist sich die Gleichstellung von § 266 BGB mit § 433 Abs. 1 S. 2 BGB als berechtigt, dies allerdings mit umgekehrtem Vorzeichen nicht unter dem Aspekt der Teilbarkeit, sondern der Unteilbarkeit. Teilleistung und Schlechtleistung sind nicht nur gleichgestellt, was die (rechtlich) unteilbare Leistungspflicht des Schuldners anbelangt, sondern auch was das Recht der Zurückweisung und die Frage der Disposition des Gläubigers anbelangt. Ebenso wenig wie der Anspruch aus § 433 Abs. 1 S. 1 BGB bei einer mangelhaften Kaufsache teilbar ist, ist der Gläubiger zu einer Aufteilung des Anspruchs berechtigt, wenn die Kaufsache als solche teilbar ist. Davon zu unterscheiden ist die Konstellation, dass der Schuldner sich auf eine beschränkte Inanspruchnahme durch den Gläubiger einlässt. Diese Möglichkeit liegt in der Vertragsfreiheit der Parteien begründet, dazu verpflichtet ist der Schuldner nicht.

VIII. Versagung einer Gläubigerdisposition (auch) in Bezug auf die Gegenleistung

In Bezug auf die vom Käufer geschuldete Gegenleistung gilt gleichermaßen die Entsprechung von Pflicht und Anspruch. Ist der Käufer zur Gesamtzahlung verpflichtet, so hat der Verkäufer auch nur darauf einen Anspruch. § 266 BGB ist nicht auf die Sachleistung beschränkt. Mag der Mehraufwand von Teilzahlungen für den Zahlungsschuldner überschaubar sein und durch den wirtschaftlichen Vorteil der ihm in der Zwischenzeit verbleibenden Liquidität und Nutznießung mehr als aufgewogen werden, so handelt es sich rechtlich gleichwohl um eine Änderung der Zahlungsmodalitäten, die der Zustimmung des Zahlungsschuldners bedarf. Dies wird besonders in einer Zeit deutlich, in der Banken für ein Guthaben keinen Zins entrichten, sondern ihrerseits eine Vergütung in Rechnung stellen. Schließlich dürfte unstreitig sein, dass der Gläubiger, dem die Gesamtzahlung angeboten wird, der aber nur einen Teilbetrag entgegennimmt, wegen des verbleibenden Teilbetrages in Annahmeverzug gerät. Spiegelbildlich bedeutet dies aber, dass der Gläubiger keinen Anspruch auf (nur) eine Teilzahlung hat und ihm kein Zurückweisungsrecht wegen der verbleibenden Teilzahlung zusteht.

Für eine solche Bewertung von § 266 BGB spricht auch die systematische Auslegung. Die sich anschließenden Vorschriften der §§ 267, 268 BGB berechtigten auch einen Dritten zur schuldbefreienden Leistung an den Gläubiger. Mit diesen Vorschriften bringt der Gesetzgeber das vorrangige Tilgungsinteresse des Schuldners zum Ausdruck, hinter dem das Interesse des Gläubigers zurücktreten muss.[59]

Der rechtliche Befund zur mangelnden Disposition des Gläubigers stellt nicht die zivilprozessuale Berechtigung einer Teilklage in Frage. Ihr Ausgangspunkt ist die Verweigerung des Schuldners zu jeglicher Zahlung. Der Gläubiger handelt daher in dieser Konstellation auch im Interesse des Schuldners, wenn er das Prozesskos-

---

[59] *Medicus*, JuS 1974, 613 (620), über § 267 BGB als Norm „zugunsten" des Schuldners.

tenrisiko durch eine Teilklage minimiert. Materiellrechtlich bleibt der Teilzahlungsanspruch im Sinne von § 266 BGB unbegründet. Allerdings ist dieser Befund mittels § 242 BGB zu korrigieren. Der Schuldner verhielte sich widersprüchlich, wenn er einerseits jegliche Zahlung ablehnen würde, sich andererseits aber darauf berufen wollte, nur zur Gesamtzahlung verpflichtet zu sein. Im Zeitalter des bargeldlosen Zahlungsverkehrs hat er ohnehin jederzeit die Möglichkeit, die Zahlung ohne Mitwirkung des Gläubigers in voller Höhe zu leisten.

IX. Konkurrenzverhältnis von § 266 BGB und § 433 Abs. 1 S. 2 BGB

Will man aus § 266 BGB im Wege der Analogie auf ein Zurückweisungsrecht des Käufers bei Angebot einer mangelhaften Kaufsache schließen, werden letztlich die gegenläufigen Hauptleistungspflichten miteinander vermengt. So ist die Gegenleistung teilbar. Darauf zielt § 266 BGB ab. Eine Ratenzahlung wird unterbunden. Die Hauptleistung ist hingegen typischerweise nicht teilbar. Für sie gilt § 433 Abs. 1 S. 2 BGB. Handelt es sich ausnahmsweise um einen teilbaren Kaufgegenstand, gilt zusätzlich § 266 BGB. Beide Vorschriften können also bezüglich der Sachleistung nebeneinander zur Anwendung gelangen. Eine gemeinsame Schnittmenge im Sinne einer Analogie besteht jedoch nicht. § 433 Abs. 1 S. 2 BGB normiert die Mangelfreiheit, § 266 BGB die Verpflichtung zur vollständigen Leistung.

X. Verhältnis zur erbrachten Teilleistung und §§ 323 Abs. 5 S. 1, 281 Abs. 1 S. 2 BGB

Die Vorschrift des § 266 BGB steht im Spannungsverhältnis zu §§ 323 Abs. 5 S. 1, 281 Abs. 1 S. 2 BGB. Denn diese Vorschriften knüpfen an eine erbrachte Teilleistung an, zu der der Schuldner gemäß § 266 BGB nicht berechtigt ist. Jedoch hindert dies als dispositives Recht den Gläubiger nicht daran, eine Teilleistung mit Erfüllungswirkung anzunehmen. Ist eine Mitwirkung des Gläubigers zur Erfüllung nicht erforderlich, so kann der Schuldner auch in dieser Konstellation eine Teilleistung erbringen. Insbesondere hier wird dem Gläubiger jedoch regelmäßig das Interesse an einer Teilleistung fehlen. Zu denken ist beispielsweise daran, dass die Teilleistungen für sich genommen nicht sinnvoll einsetzbar sind. Die Vorschriften der §§ 323 Abs. 5 S. 1, 281 Abs. 1 S. 2 BGB knüpfen an dieses fehlende Interesse an und ermöglichen dem Gläubiger einen Gesamtrücktritt und/oder einen Anspruch auf den großen Schadensersatz. Sie haben daher ihre gute Existenzberechtigung.

Maßgeblich für das vorliegende Thema des Zurückweisungsrechts ist von Bedeutung, dass die §§ 323 Abs. 5 S. 1, 281 Abs. 1 S. 2 BGB einen von § 266 BGB abweichenden zeitlichen Bezugspunkt haben. Das ergibt sich unmittelbar aus dem

Wortlaut. Voraussetzung ist, dass eine Teilleistung „*erbracht*" ist.[60] Demzufolge sind der Gesamtrücktritt und der große Schadensersatz darauf beschränkt, dass der Gläubiger das Interesse an der ganzen Leistung verloren hat oder bei fehlender Mitwirkung von vornherein kein Interesse an einer Teilleistung gehabt hat. Die zeitliche Schnittstelle zwischen § 266 BGB *vor* und §§ 323 Abs. 5 S. 1, 281 Abs. 1 S. 2 BGB *nach* Erbringung der Teilleistung bleibt klar umrissen. Bezugspunkt der Leistungsstörung nach der Erbringung der Teilleistung ist die (teilweise) Nichtleistung, wohingegen Anknüpfungspunkt für § 433 Abs. 1 S. 2 BGB nach der Erbringung der Leistung die Gewährleistung ist.

Hervorzuheben bleibt, dass die Voraussetzungen für das (Gesamt-)Rücktrittsrecht und den (großen) Schadensersatz lediglich nach erbrachter (Teil-)Leistung in Form des fehlenden Gläubigerinteresses reglementiert sind, wohingegen der (Teil-)Rücktritt und (Teil-)Schadensersatz in Bezug auf die fehlende Teilleistung und der (Gesamt-)Rücktritt und (große) Schadensersatz bei Zurückweisung der Teilleistung keiner Einschränkung unterworfen sind, insbesondere nicht einer Erheblichkeitsschwelle unterliegen.[61]

§ 13 Verhältnis des Zurückweisungsrechts zu einem Zurückbehaltungsrecht

Das Zurückweisungsrecht wird maßgeblich auf ein Zurückbehaltungsrecht gestützt.[62] Für den Käufer kann sich ein solches aus § 320 BGB und aus § 273 BGB ergeben. Beide setzen einen Hauptanspruch des Verkäufers und einen Gegenanspruch des Käufers voraus.

I. Fehlen eines Hauptanspruchs beim Zurückweisungsrecht

Das Zurückbehaltungsrecht begründet eine Einrede gegen den vom Gläubiger geltend gemachten Anspruch. In der Konstellation der mangelhaften Kaufsache ermangelt es dem Verkäufer jedoch bereits an einem solchen Anspruch. Denn der Anspruch gegen den Käufer auf Abnahme der Kaufsache aus § 433 Abs. 2, 2. Fall BGB hat gemäß § 433 Abs. 1 S. 2 BGB allein die mangelfreie Kaufsache zum Gegenstand.[63] Für ein Zurückbehaltungsrecht des Käufers fehlt in der weiteren Folge bereits ein tauglicher Anknüpfungspunkt. Gleichwohl ist der Käufer zur Zurückweisung berechtigt. Dieses vermeintliche Dilemma löst sich mit Blick auf die

---

[60] So auch *Lorenz*, NJW 2013, 1341 (1342).

[61] S. dazu ausführlich für die Fallkonstellation der Unmöglichkeit der mangelfreien Leistung unter § 14.

[62] S. Nachweise in Fn. 4.

[63] S. o. § 5 X.

Vorschriften zum Annahmeverzug auf. Denn Anknüpfungspunkt für das Zurückweisungsrecht ist hier eine fehlende (!) Pflicht und eine fehlende (!) Obliegenheit des Käufers zur Abnahme der Kaufsache. Mit anderen Worten schließen das Zurückweisungsrecht und ein Zurückbehaltungsrecht einander aus. Die Einrede eines Zurückbehaltungsrechts ist subsidiär zum vorrangigen Recht der Zurückweisung.

II. Zurückweisung der Kaufsache versus Zurückbehaltung des Kaufpreises

Schnittstelle zwischen Zurückweisungsrecht und Zurückbehaltungsrecht ist die Pflicht oder Obliegenheit des Gläubigers zur Annahme. Besteht eine solche Pflicht oder Obliegenheit, mithin also kein Zurückweisungsrecht, so handelt es sich um die Konstellation, dass der Verkäufer dem Käufer die mangelfreie Kaufsache anbietet. Hier ist das Zurückbehaltungsrecht des Käufers aus § 320 BGB betroffen. Es richtet sich jedoch nicht gegen den Anspruch des Verkäufers aus § 433 Abs. 2, 2. Fall BGB auf Abnahme, sondern denjenigen aus § 433 Abs. 2, 1. Fall BGB auf Zahlung und wird zumal durch das Angebot des Verkäufers zur mangelfreien Leistung durchbrochen.[64] Während das Zurückweisungsrecht also die Kaufsache betrifft, richtet sich das Zurückbehaltungsrecht gegen den Kaufpreisanspruch.

III. Ausschlussverhältnis von Zurückweisungs- und Zurückbehaltungsrecht

Im Kern der Unterscheidung zwischen Zurückweisungs- und Zurückbehaltungsrecht geht es um gänzlich unterschiedliche Rechtsinstitute. Annahmeverzug und Zurückbehaltungsrecht sind im Gesetz klar voneinander unterschieden. Nicht anders verhält es sich mit dem Zurückweisungsrecht als schlichter Negierung des Annahmeverzugs und dem Zurückbehaltungsrecht. Es handelt sich um ein Ausschlussverhältnis. Während das Zurückbehaltungsrecht einen Hauptanspruch voraussetzt, mangelt es daran beim Zurückweisungsrecht.

IV. Verbleibende Gemeinsamkeiten

Mit dem Zurückbehaltungsrecht hat das Zurückweisungsrecht am Ende nur gemeinsam, dass beides vom Schuldner geltend gemacht werden muss. In dem einen Fall geht es um die Verweigerung der Annahme, in dem anderen Fall darum, dass der Käufer dem Zahlungsanspruch des Verkäufers den Anspruch auf Übereignung der

---

[64] Zu Recht weist BGH NJW 2017, 1100 (1101), auf das Erfordernis der mangelfreien Leistung gemäß § 433 Abs. 1 S. 2 BGB im Zuge von § 320 BGB hin.

Kaufsache entgegenhält. Beides wirkt zudem nur „dilatorisch", solange also der Verkäufer nicht die mangelfreie Kaufsache anbietet. Schließlich besteht das Zurückweisungsrecht auch bei einem nur unerheblichen Mangel wie umgekehrt das Zurückbehaltungsrecht durch einen nur geringfügigen Mangel nicht ausgeschlossen ist.[65]

V. Fehlen eines Gegenanspruchs auf Herbeiführung der Mangelfreiheit

Im Gegenseitigkeitsverhältnis stehen beim Kaufvertrag die Verpflichtung zur Übereignung der Kaufsache aus § 433 Abs. 1 S. 1 BGB und diejenige zur Zahlung des Kaufpreises aus § 433 Abs. 2, 1. Fall BGB. Der Käufer hat hingegen vor Gefahrübergang keinen Anspruch auf die mangelfreie Kaufsache im Sinne einer Einwirkung auf den Verkäufer, die mangelfreie Leistung herbeizuführen. § 433 Abs. 1 S. 2 BGB begründet keine Anspruchsgrundlage, weshalb der Anspruch auf Übereignung nur die Kaufsache in ihrem derzeitigen mangelhaften Zustand betrifft.[66] Es mangelt für ein Zurückbehaltungsrecht des Käufers mithin auch an einem Gegenanspruch. Allein das Zurückweisungsrecht hilft dem Käufer hier weiter.

VI. Einrede aus § 320 BGB gegenüber dem Zahlungsanspruch

Gegenüber dem Kaufpreisanspruch kann der Käufer sich nur mithilfe eines Zurückbehaltungsrechts zur Wehr setzen. Dieses setzt gemäß § 320 BGB – in der Parallele zur Aufrechnung – einen fälligen und durchsetzbaren Gegenanspruch des Käufers voraus. Ist die Kaufsache mangelhaft, so hat er aus § 433 Abs. 1 S. 1 BGB jedoch nur den fälligen und durchsetzbaren Anspruch auf Übereignung der Kaufsache in ihrem derzeit mangelhaften Zustand.[67] Dies erscheint auf den ersten Blick widersinnig, da der Käufer zur Entgegennahme der mangelhaften Kaufsache nicht verpflichtet ist. Es stellt sich also die Frage, ob er durch die Konfrontation mit dem Anspruch auf Zahlung des Kaufpreises nicht zur Entgegennahme der mangelhaften Kaufsache genötigt wird. Nach Zahlung des Kaufpreises stünde er mit leeren Händen da und trüge das Insolvenzrisiko des Verkäufers. Jedoch setzt die Überwindung der Einrede des Schuldners aus § 320 BGB durch den Gläubiger mittels des Angebots der von ihm geschuldeten Leistung gemäß § 322 Abs. 3 BGB i. V. m. § 274 Abs. 2 BGB voraus, dass der Verkäufer den Käufer in Annahmeverzug versetzt.

---

[65] Zum Zurückweisungsrecht s. o. § 9 II., zum Zurückbehaltungsrecht und zum Fall des nur geringfügigen Mangels ausdrücklich BGH NJW-RR 2022, 808 (810, Rn. 17 ff.), und ausführlich im Zweiten Teil der Untersuchung.

[66] S. o. § 5 VIII. 2.

[67] S. o. § 5 VIII. 2.

VII. § 274 Abs. 2 BGB als Brücke vom Zurückbehaltungsrecht zum Annahmeverzug

Die Lösung für das Problem, dass der Käufer gegen den Verkäufer keinen Anspruch auf Herbeiführung der Mangelfreiheit hat, ist auch in Bezug auf den Kaufpreisanspruch des Verkäufers im Recht des Annahmeverzugs zu suchen und zu finden. Maßgeblich ist nicht, dass der Schuldner im Sinne der eigentlichen Anforderungen an ein Zurückbehaltungsrecht einen fälligen und durchsetzbaren Gegenanspruch auf die mangelfreie Kaufsache hat, sondern dass er zur Verweigerung ihrer Annahme berechtigt ist. Dies ist präzise voneinander zu unterscheiden. § 274 Abs. 2 BGB bildet hier die maßgebliche Brücke vom Zurückbehaltungsrecht gegenüber dem Kaufpreisanspruch, das lediglich in Bezug auf die derzeit mangelhafte Kaufsache besteht, zum Annahmeverzug, den der Verkäufer nur durch Angebot der mangelfreien Kaufsache herbeiführen kann. Gemäß § 274 Abs. 2 BGB ist Voraussetzung für die Durchbrechung des Zurückbehaltungsrechts des Käufers ein den Annahmeverzug begründendes Angebot des Verkäufers. § 274 Abs. 2 BGB als Bezugsnorm zum Annahmeverzug ist in diesem Sinne lex specialis zu § 273 BGB. Nicht der fällige Gegenanspruch des Käufers ist maßgeblich, sondern ein den Annahmeverzug begründendes Angebot des Gläubigers. Die Vorschrift des § 274 Abs. 2 BGB verhilft dem Schuldner in Bezug auf seinen Gegenanspruch zur Beachtung der Leistungsmodalitäten durch den Gläubiger.

VIII. Annahmeverzug als Voraussetzung zur Durchbrechung von § 320 BGB

Die Untersuchung führt zum Problem der Konkurrenz von Zurückweisungs- und Zurückbehaltungsrecht erst über den Umweg des Prozessrechts zu einer abschließenden Lösung, die ihre Grundlagen allerdings – zu Recht! – im materiellen Zivilrecht hat. Unter Durchbrechung des Prinzips der Trennung von materiellem Zivilrecht und formellem Verfahrensrecht verweisen die §§ 322 Abs. 1, 274 Abs. 1 BGB hinsichtlich der Rechtsfolgen eines erfolgreich geltend gemachten Zurückbehaltungsrechts auf das Prozessrecht. Trotz des Zurückbehaltungsrechts wird der Schuldner zur Leistung verurteilt, dies allerdings nur Zug um Zug gegen Erbringung der dem Gläubiger obliegenden Leistung. Dies dient der Abwicklung der wechselseitigen Leistungspflichten. Daran anschließend regelt § 274 Abs. 2 BGB, wie der Gläubiger die Zug-um-Zug-Einrede des Schuldners aufzulösen vermag, wenn der Schuldner die Annahme der Gegenleistung verweigert. Gemäß § 274 Abs. 2 BGB, der nach § 322 Abs. 3 BGB gleichermaßen für § 320 BGB gilt, kann der Gläubiger seinen Anspruch ohne Bewirkung der ihm obliegenden Leistung im Wege der Zwangsvollstreckung nur dann verfolgen, wenn der Schuldner im Verzug der Annahme ist. Voraussetzung ist also, dass der Gläubiger dem Schuldner seine Leistung in einer den §§ 293 bis 299 BGB entsprechenden Weise anbietet. Hier liegt exakt der Anknüpfungspunkt zur Lösung des vorliegenden Problems der mangelhaften Kaufsache. Denn § 294 BGB setzt voraus, dass der Verkäufer die Kaufsache wie geschuldet, also mangelfrei anbietet.

IX. Bestätigende Regel des § 298 BGB

Das vorliegende Ergebnis für die Konstellation der Zug-um-Zug-Einrede wird spezialgesetzlich mittels § 298 BGB bestätigt. Nach dieser Vorschrift kommt der Gläubiger, wenn der Schuldner nur gegen eine Leistung des Gläubigers zu leisten verpflichtet ist, in Verzug, *„wenn er zwar die angebotene Leistung anzunehmen bereit ist, die verlangte Gegenleistung aber nicht anbietet."* Mit der *„angebotenen Leistung"* ist die Leistung in Bezug genommen, wie sie gemäß § 294 BGB zu bewirken ist. Die Vorschrift des § 298 BGB impliziert also, dass der Verkäufer der Einrede des Käufers aus § 320 BGB nur mithilfe eines ordnungsgemäßen Angebots begegnen kann, da der Käufer anderenfalls nicht in Annahmeverzug gerät. Der Verkäufer muss also die mangelfreie Kaufsache anbieten. Mittels der mangelhaften Kaufsache vermag er den Käufer nicht zur Zahlung zu nötigen.

X. Unnötiger Umweg über das Zivilprozess- und Vollstreckungsrecht

Des Umwegs über das Verfahrensrecht im Sinne der Verurteilung des Schuldners zur Leistung Zug um Zug bedürfte es nicht, wenn sich die Vorschriften der §§ 274 Abs. 2, 322 BGB – nach dem Vorbild von § 298 BGB – auf die für das materielle Recht allein maßgebliche Konstellation der Brechung der Zug-um-Zug-Einrede mithilfe eines den Annahmeverzug des Schuldners herbeiführenden Angebots beschränken würden. In der jetzigen Fassung sind die Vorschriften hingegen systematisch den Regelungen der Zivilprozessordnung zum Endurteil zugeordnet. In der Zwangsvollstreckung finden sie ihren Niederschlag in §§ 756, 765 ZPO. Dies ändert jedoch nichts an dem Umstand, dass sich auch an dieser Stelle der Annahmeverzug als das passgenaue materiellrechtliche Rechtsinstitut zur Erfassung des „Zurückweisungsrechts" des Schuldners erweist. Hierhin führen die Vorschriften der §§ 756, 765 ZPO zurück, indem sie zur Durchbrechung der Zug-um-Zug-Einrede ein den Annahmeverzug begründendes Angebot des Gläubigers postulieren.

XI. Auflösung des Paradoxons einer Zurückbehaltung der Abnahme

Abschließend löst sich das Paradoxon auf, das sich ergibt, wenn man das Zurückweisungsrecht auf ein Zurückbehaltungsrecht stützen will. Es stellt sich dann die

Frage, wie eine Abnahme zurückzubehalten ist. Denn es geht dem Käufer bei An-
gebot einer mangelhaften Kaufsache durch den Verkäufer nicht nur darum, den
Kaufpreisanspruch abzuwehren, sondern zugleich den Anspruch auf die Abnahme
der Kaufsache. Das scheint der Situation bei Abwehr eines Anspruchs mithilfe eines
Zurückbehaltungsrechts als Einrede zu gleichen. Hingegen besteht der Anspruch auf
Abnahme schon nicht, da er allein die geschuldete mangelfreie Kaufsache zum
Gegenstand hat. Im Ergebnis geht es nicht um eine einredeweise Zurückbehaltung
der Abnahme, sondern um die berechtigte Zurückweisung der mangelhaften
Kaufsache. Dieses ist das rechtlich probate Mittel zur Abwehr des Anspruchs des
Verkäufers auf die Abnahme. Was den Anspruch des Verkäufers auf Zahlung des
Kaufpreises anbelangt, gibt es kein Zurückweisungsrecht des Käufers. Hier geht es
um das Zurückbehaltungsrecht, das der Käufer mittels § 274 Abs. 2 BGB bis zum
Angebot der mangelfreien Leistung berechtigterweise geltend machen kann.

XII. Rückschlüsse für die Anforderungen an § 323 Abs. 1 BGB und § 281 Abs. 1 S. 1 BGB

Für das Zurückweisungsrecht nicht mehr bedeutsam, aber im Kontext der
Pflichten aus § 433 BGB relevant ist die Abgrenzung der Zurückbehaltungsrechte
untereinander. Relevant wird dies für die Frage der Rücktrittsberechtigung gemäß
§ 323 BGB. Denn Anknüpfungspunkt ist hier prinzipiell die Verletzung einer im
Gegenseitigkeitsverhältnis stehenden Pflicht.[68] Demzufolge kann der Verkäufer,
wenn er dem Käufer die Kaufsache in mangelfreiem Zustand anbietet, dieser jedoch
die Abnahme verweigert, nicht vom Vertrag zurücktreten. Nicht die Pflicht zur
Abnahme, sondern die Pflicht zur Zahlung des Kaufpreises steht im Gegenseitigkeitsverhältnis zur Verpflichtung des Verkäufers aus § 433 Abs. 1 BGB. Zudem
handelt es sich bei der Pflicht zur Abnahme nur um eine Nebenleistungspflicht,[69] was
ebenso zur Zurückhaltung bei der Heranziehung von § 323 BGB mahnt.[70] Im urei-
genen Interesse wird der Verkäufer jedoch ohnehin vorrangig den Anspruch auf den
Kaufpreis geltend machen und die Übereignung der Kaufsache nur Zug um Zug

---

[68] *Ernst*, in: Münchener Kommentar, § 323, Rn. 12 f., und *Schwarze*, in: Staudinger, § 323,
Rn. B 9 ff.; anders hingegen die Motive im anfänglichen Fraktionsentwurf, BT-Drs. 14/6040,
S. 183, sowie tendenziell auch *Looschelders*, in: BeckOGK (Stand: 01.11.2022), § 323,
Rn. 32; *H. Schmidt*, in: BeckOK (Stand: 01.08.2022), § 323, Rn. 4, 48, und *Grüneberg*, in:
Grüneberg, § 323, Rn. 10. Fehlt die Gegenseitigkeit, kommt ein Rücktritt nur unter den Vor-
aussetzungen von § 324 BGB in Betracht.

[69] *Weidenkaff*, in: Grüneberg, § 433, Rn. 43; *Ernst*, in: Münchener Kommentar, § 433,
Rn. 69, sowie *Berger*, in: Jauernig, § 433, Rn. 26.

[70] Gemäß dem uneingeschränkten Wortlaut von § 323 Abs. 1 BGB („*eine* fällige Leistung") wird die Unterscheidung zwischen Haupt- und Nebenleistungspflicht für entbehrlich
erachtet, *Ernst*, in: Münchener Kommentar, § 323, Rn. 12; jedoch ist bei Vorliegen einer
bloßen Nebenleistungspflicht das Schutzinteresse des Gläubigers an der Lösung vom Vertrag
gesondert zu hinterfragen, ähnlich zurückhaltend *Gsell*, in: Soergel, § 323, Rn. 25–28.

anbieten. Die Verweigerung der Abnahme wird dann nicht relevant, da sie zum Annahmeverzug führt und die Einrede des Käufers aus § 320 BGB damit durchbrochen ist. Verweigert der Käufer darüber hinaus die Zahlung, kann der Verkäufer entweder den Zahlungsanspruch einklagen oder berechtigt gemäß § 323 BGB zurücktreten.

Im Ergebnis erweist es sich als sachgerecht, dass der Verkäufer allein wegen der Verweigerung der Abnahme nicht zum Rücktritt berechtigt ist. Hat der Käufer bereits gezahlt, verweigert jedoch die Abnahme, muss der Verkäufer die Kaufsache in der weiteren Konsequenz zwar vorhalten. Der Käufer gerät jedoch in Annahmeverzug und Schuldnerverzug, sodass der Verkäufer seine Vorhaltekosten aus § 304 BGB und einen weitergehenden Schadensersatz aus §§ 280 Abs. 1, Abs. 2, 286 BGB ersetzt verlangen kann. Handelt es sich bei der Kaufsache um eine Kostbarkeit, ist er zudem gemäß § 372 BGB zur Hinterlegung berechtigt, sodass er dem Schwebezustand auf diesem Wege ein Ende bereiten kann. Ein Anspruch auf Schadensersatz statt der Leistung aus §§ 280 Abs. 1, Abs. 3, 281 Abs. 1 S. 1 BGB ist ihm hingegen aufgrund der rücktrittsgleichen Wirkung zu versagen und § 281 Abs. 1 S. 1 BGB mangels Gegenseitigkeit einschränkend auszulegen,[71] zumal ein Anspruch auf Schadensersatz statt der Abnahme keinen Sinn macht. Zum einen ist die Abnahme schwerlich in Geld zu beziffern, zum anderen knüpft an die Abnahme die weitere Abwicklung des Vertrages an.

XIII. Zurückweisungs- und Zurückbehaltungsrecht im Zuge von § 266 BGB

In gleicher Weise wie die mangelhafte Leistung kann der Gläubiger berechtigt eine Teilleistung zurückweisen, § 266 BGB. Grundlage ist jeweils der – nicht (!) eintretende – Annahmeverzug, nicht ein Zurückbehaltungsrecht. Die geschuldete Leistung im Sinne von § 294 BGB ist die vollständige und mangelfreie Kaufsache. Nur auf ihre Abnahme hat der Verkäufer einen Anspruch. Es macht also für die Zurückweisung keinen Unterschied, dass der Käufer auf die vollständige Leistung einen fälligen und durchsetzbaren Anspruch hat, nicht hingegen auf die mangelfreie Leistung.

Dem Kaufpreisanspruch kann der Käufer die berechtigte Verweigerung der Abnahme einer Teilleistung entgegenhalten. Er behält gemäß §§ 274 Abs. 2, 322 Abs. 3 BGB seine auf den nicht erfüllten Anspruch aus § 433 Abs. 1 S. 1 BGB gestützte Einrede aus § 320 BGB zur Abwicklung Zug um Zug. Auch diesbezüglich

---

[71] § 281 BGB wird aufgrund seines uneingeschränkten Wortlauts unbedenklich auch für nicht im Gegenseitigkeitsverhältnis stehende Pflichten herangezogen, so *Schwarze*, in: Staudinger, § 281, Rn. A19, B3; *Dauner-Lieb*, in: NomosKommentar, § 281, Rn. 4; *Ulber*, in: Erman, § 281, Rn. 12, und *Ernst*, in: Münchener Kommentar, § 281, Rn. 8, 11; ablehnend hingegen für nicht im Gegenseitigkeitsverhältnis stehende Zahlungsansprüche *Grüneberg*, in: Grüneberg, § 281, Rn. 5, und *Lorenz*, in: BeckOK (01.08.2022), § 281, Rn. 8.

ist allein die Berechtigung zur Zurückweisung der Abnahme, also der fehlende Annahmeverzug, maßgeblich. Dass der Gegenanspruch im Falle von § 266 BGB auf die Gesamtleistung gerichtet ist, im Falle von § 433 Abs. 1 S. 2 BGB nur auf die Kaufsache im derzeitigen Zustand, spielt auch insoweit keine Rolle.

Im Ergebnis bestätigt sich, dass Grundlage des Zurückweisungsrechts bei der Teilleistung nicht anders als bei der mangelhaften Leistung der fehlende Annahmeverzug ist, § 294 BGB, und nicht ein Zurückbehaltungsrecht. Dieses kommt allein in Bezug auf den Kaufpreisanspruch zum Tragen.[72]

§ 14 „Unmöglichkeit" der mangelfreien Leistung

Eigenständig zu untersuchen ist die Konstellation, dass eine mangelfreie Leistung des Verkäufers nicht möglich ist. Dies ist dann der Fall, wenn sowohl eine Mangelbeseitigung als auch eine Ersatzlieferung ausgeschlossen ist.[73] Im Zuge der sich anschließenden Überlegungen ist zunächst einmal zu klären, welche Verpflichtung betroffen ist und welche Folgen dies hat.

I. § 433 Abs. 1 S. 2 BGB als untauglicher Bezugspunkt einer Unmöglichkeit

Die Untersuchung hat gezeigt, dass § 433 Abs. 1 S. 2 BGB keine selbstständig einklagbare Pflicht im Sinne eines Anspruchs des Käufers auf Mangelbeseitigung oder Ersatzlieferung begründet.[74] Es handelt sich nur um eine Leistungsmodalität zur Verpflichtung des Verkäufers aus § 433 Abs. 1 S. 1 BGB.[75] Genauso wenig wie man nun aber bei einer Überschreitung der Leistungszeit auf § 275 Abs. 1 BGB zurückgreift, ist der Rückgriff im Zuge der „Unmöglichkeit" der mangelfreien Leistung angebracht. § 275 Abs. 1 BGB betrifft nach seinem ausdrücklichen Wortlaut einen Anspruch. Dies ist vorliegend der Anspruch des Käufers aus § 433 Abs. 1 S. 1 BGB, dessen Erfüllung möglich bleibt. Der Anspruch ist gleichsam nur reduziert auf die mangelhafte Kaufsache. Der Verkäufer kann nicht mehr anderweitig disponieren, dem Käufer steht kein anderweitiges Einwirkungsrecht zu.

---

[72] S. dazu ausführlich im Zweiten Teil zur Mängeleinrede gegen den Kaufpreisanspruch.

[73] *Faust*, in: BeckOK (Stand: 01.08.2022), § 433 Rn. 44, verweist zutreffend auf diese zusätzliche Möglichkeit der Erfüllung der Verpflichtung zur mangelfreien Leistung.

[74] S. o. § 5.

[75] S. o. § 5 V.

II. Unterschied zur Unmöglichkeit des Nacherfüllungsanspruchs

Die Überlegungen stehen nicht im Widerspruch zu dem Umstand, dass der Nacherfüllungsanspruch aus § 439 Abs. 1 BGB wegen Unmöglichkeit gemäß § 275 Abs. 1 BGB ausgeschlossen sein kann. Denn hierbei handelt es sich unstreitig um einen Anspruch. Ist der Anspruch aus § 433 Abs. 1 S. 1 BGB durch Erfüllung erloschen, bewirkt die damit einhergehende Verletzung von § 433 Abs. 1 S. 2 BGB einen sekundären Nacherfüllungsanspruch. Zu Recht verweist daher § 437 Nr. 2 BGB auf § 326 Abs. 5 BGB und § 437 Nr. 3 BGB auf § 283 BGB. Vergleichbare Rechte oder Ansprüche wegen der mangelhaften Kaufsache hat der Käufer vor Gefahrübergang nicht. Selbst wenn die mangelfreie Leistung schon vor Gefahrübergang unmöglich ist, wirkt sich dies gemäß §§ 437 Nr. 3, 311a BGB erst nach Gefahrübergang auf den Nacherfüllungsanspruch aus.

III. Irrelevanz der Unterscheidung zwischen Stück- und Gattungsschuld

Aus guten Gründen ist eine Unmöglichkeit der Nacherfüllung zu verneinen, wenn es sich zwar um eine Stückschuld handelt und die Mangelbeseitigung nicht möglich ist, jedoch eine gattungsmäßig gleichwertige Kaufsache existent und für den Verkäufer beschaffbar ist.[76] Dies gilt dann aber erst recht vor Gefahrübergang. Die Leistungsmodalität des § 433 Abs. 1 S. 2 BGB kann erst dann nicht mehr gewahrt werden, wenn beide *Erfüllungs*varianten – zu unterscheiden von den *Nacherfüllungs*varianten aus § 439 Abs. 1 BGB nach Gefahrübergang – für den Verkäufer, die Mangelbeseitigung wie die *Ersatz*lieferung – zu unterscheiden von der Mangelbeseitigung und *Nach*lieferung aus § 439 Abs. 1 BGB nach Gefahrübergang –, ausgeschlossen sind. Selbst dann aber bleibt die Erfüllung der Verpflichtung aus § 433 Abs. 1 S. 1 BGB mithilfe der mangelhaften Kaufsache möglich. Die Unterscheidung zwischen Stückschuld und Gattungsschuld spielt daher für die Frage der Mangelfreiheit und der Rechte des Käufers vor dem Gefahrübergang keine Rolle.

IV. Verpflichtung zur Abnahme der mangelhaften Kaufsache

Liefert der Verkäufer verspätet, bleibt der Käufer ganz natürlich gemäß § 433 Abs. 2, 2. Fall BGB zur Abnahme der Kaufsache verpflichtet. Nicht anders schließt die unwiederbringliche Mangelhaftigkeit der Kaufsache nicht ihre Lieferung aus. Der Umstand, dass die mangelfreie Leistung nicht oder nicht mehr möglich ist, hat lediglich zur Folge, dass die Lieferverpflichtung aus § 433 Abs. 1 S. 1 BGB und die Abnahmepflicht aus § 433 Abs. 2, 2. Fall BGB miteinander verschmelzen. Es ver-

---

[76] So insbesondere BGH NJW 2019, 1133 (1136, Rn. 24 ff.), zur Gleichwertigkeit eines Pkws bei späterem Wechsel des Serienmodells.

bleibt für den Verkäufer kein Spielraum mehr für eine Disposition. Er kann seine Verpflichtung aus § 433 Abs. 1 S. 1 BGB nur noch dadurch erfüllen, dass er an den Käufer die mangelhafte Kaufsache übereignet. Dies wirkt sich gleichermaßen auf die Abnahmepflicht aus. Beide Pflichten lassen sich nicht voneinander entkoppeln. So ist auch die Abnahmepflicht auf die mangelhafte Kaufsache reduziert.

V. Verfehlte Analogie einer „qualitativen Teilunmöglichkeit" zur quantitativen Teilunmöglichkeit

Die Verpflichtung des Käufers zur Abnahme der mangelhaften Kaufsache bei „Unmöglichkeit" der Verpflichtung aus § 433 Abs. 1 S. 2 BGB wird damit begründet, dass die Verpflichtung des Verkäufers im Sinne von § 275 Abs. 1 BGB „*soweit*" untergehe.[77] Daran anschließend wird die sogenannte „qualitative Teilunmöglichkeit" der quantitativen Teilunmöglichkeit gleichgestellt.[78] Will man jedoch an die Unmöglichkeit einer Teilleistung anknüpfen, ist § 326 Abs. 1 S. 1, 2. HS BGB Bezugspunkt für den Anspruch auf die Gegenleistung. Die Vorschrift verweist für die Teilunmöglichkeit ausdrücklich auf den Weg der Minderung gemäß § 441 Abs. 3 BGB. Die Minderung wird dadurch von der Notwendigkeit einer Gestaltungserklärung entkoppelt und quasi automatisiert. Gemäß § 326 Abs. 4 BGB kann der Käufer einen bereits gezahlten Kaufpreis anteilig zurückfordern.

Der Käufer bleibt auf diesem Wege zur Abnahme der Kaufsache verpflichtet. Ihm stehen hingegen, wenn man dieses Modell auf die Konstellation der mangelhaften Kaufsache übertragen will, nach der Abnahme keine Mängelrechte mehr zu. Denn die „qualitative Teilunmöglichkeit" ist dann bereits gemäß § 326 Abs. 1 S. 1, 2. HS BGB im Sinne einer vorweggenommenen Minderung sanktioniert. Nach der Abnahme könnte der Käufer daher nur noch dann vom (Gesamt-)Kaufvertrag zurücktreten, wenn er gemäß § 323 Abs. 5 S. 1 BGB an der Teilleistung kein Interesse (mehr) hat.

Die Analogie zur quantitativen Teilunmöglichkeit lässt im Kern unberücksichtigt, dass der Anspruch aus § 433 Abs. 1 BGB nicht teilbar ist.[79] Es handelt sich bei § 433 Abs. 1 S. 2 BGB nicht um einen abtrennbaren (Teil-)Anspruch, sondern lediglich um eine Leistungsmodalität des Anspruchs aus § 433 Abs. 1 S. 1 BGB.[80] Das Konstrukt

---

[77] *Lorenz*, NJW 2013, 1341 (1344).

[78] *Lorenz*, NJW 2013, 1341 (1344).

[79] S. bereits o. § 12 VI.; ebenso *Heyers/Heuser*, NJW 2010, 3057 (3057 f.), und *Herresthal*, in: BeckOGK (Stand: 01.04.2022), § 326, Rn. 150; dagegen *Riehm*, in: BeckOGK (Stand: 01.07.2022), § 275, Rn. 345 mit weiteren Nachweisen zur wohl herrschenden Meinung.

[80] Dies übersehen *Heyers/Heuser*, NJW 2010, 3057 (3057 f.), die aufgrund der mangelnden Teilbarkeit von § 433 Abs. 1 S. 1, S. 2 BGB vom „gänzlichen" Untergang des Anspruchs aus § 433 Abs. 1 BGB ausgehen wollen und daher das allgemeine Leistungsstörungsrecht anwenden. Dagegen bereits *Schall*, NJW 2011, 343 (344 ff.), der überzeugend auf das spezielle und abschließende Gewährleistungsrecht verweist und § 437 BGB nur als Teilrechtsgrund-

der Teilunmöglichkeit ist daher nicht auf § 433 Abs. 1 S. 2 BGB zu beziehen, sondern betrifft allein die Leistungsmodalität der Quantität gemäß § 266 BGB. Von dieser Modalität wird der Schuldner gemäß § 275 Abs. 1 BGB *„soweit"* befreit, wie die Teilunmöglichkeit eintritt. Dabei handelt es sich im weiteren Unterschied zu § 433 Abs. 1 S. 2 BGB um die primäre Leistungspflicht, weshalb die Vorschriften zur Unmöglichkeit an dieser Stelle sachgerecht Anwendung finden, nicht hingegen im Zuge von § 433 Abs. 1 S. 2 BGB.

VI. Rückschlüsse aus § 326 Abs. 1 S. 2 BGB

Der Vergleich der sogenannten „qualitativen Teilunmöglichkeit" mit der quantitativen Teilunmöglichkeit wird nur halbherzig vollzogen. Denn zum Schicksal der Gegenleistung wird nicht konsequent auf § 326 Abs. 1 S. 1 BGB abgestellt, sondern die Ausnahmevorschrift des § 326 Abs. 1 S. 2 BGB herangezogen.[81] Nach dieser Regelung gilt § 326 Abs. 1 S. 1 BGB nicht, wenn der Schuldner im Fall der nicht vertragsgemäßen Leistung die Nacherfüllung nach § 275 BGB nicht zu erbringen braucht. Die Regelung zielt darauf ab, einen Automatismus hinsichtlich des Wahlrechts des Käufers aus § 437 BGB zu verhindern. Gemäß §§ 437 Nr. 2, 326 Abs. 5 BGB verbleibt dem Käufer neben der Minderung das Recht, unmittelbar den Rücktritt zu erklären. Auch die Vorschrift des § 326 Abs. 5 BGB setzt also hinsichtlich einer mangelhaften Kaufsache den vorherigen Gefahrübergang voraus.

Die Heranziehung von § 326 Abs. 1 S. 2 BGB belegt, dass der Vergleich der sogenannten „qualitativen Teilunmöglichkeit" mit der quantitativen Teilunmöglichkeit verfehlt ist, für die § 326 Abs. 1 S. 1, 2. HS BGB und mithin der Automatismus der Minderung gilt.[82] Zudem kann § 326 Abs. 1 S. 2 BGB erst dann bemüht werden, wenn der Käufer die mangelhafte Kaufsache abgenommen hat. Die Vorschrift setzt nach ihrem ausdrücklichen Wortlaut die *„nicht vertragsgemäße Leistung"* voraus. Sie knüpft also an die Unmöglichkeit der Nacherfüllung an, was die vorherige Erfüllung der Verpflichtung aus § 433 Abs. 1 S. 1 BGB voraussetzt, sprich die Übereignung der Kaufsache. Dazu ist es in der Konstellation des § 433 Abs. 1 S. 2 BGB jedoch noch nicht gekommen.

---

verweis versteht, der im hier verstandenen Sinne lediglich § 433 Abs. 1 S. 2 BGB betrifft, dessen Verletzung schon keine Unmöglichkeit auslöst.

[81] *Lorenz*, NJW 2002, 2497 (2498); NJW 2003, 1417 (1418); *H. Schmidt*, in: BeckOK (Stand: 01.08.2022), § 326, Rn. 23, und *Riehm*, in: BeckOGK (Stand: 01.07.2022), § 275, Rn. 342 f.

[82] Ebenso *H. Schmidt*, in: BeckOK (Stand: 01.08.2022), § 326, Rn. 23.

VII. Annahmeverzug versus Unmöglichkeit

Gemäß § 297 BGB kommt der Gläubiger nicht in Verzug, wenn der Schuldner zur Zeit des Angebots oder – bei dessen Entbehrlichkeit – zu der dafür bestimmten Zeit außerstande ist, die Leistung zu bewirken. Die Vorschrift schließt den Annahmeverzug bei Unmöglichkeit der Leistung aus. Letztgenannte Leistungsstörung hat den Vorrang, was den Befürwortern einer „qualitativen Teilunmöglichkeit" in die Hände zu spielen scheint. In Bezug auf § 433 Abs. 1 S. 2 BGB geht es aber nicht um die Unmöglichkeit der Leistung, sondern lediglich um die „unmögliche" Einhaltung der Mangelfreiheit als Leistungsmodalität. Folge ist die Verpflichtung des Käufers zur Abnahme der mangelhaften Kaufsache. Diese Verpflichtung wird nicht unmöglich. Weist der Käufer daher die mangelhafte Kaufsache zu Unrecht zurück, gerät er in Annahmeverzug, § 297 BGB.

Im Ergebnis schließt die Vorschrift des § 297 BGB bei der sogenannten „qualitativen Teilunmöglichkeit" nicht den Annahmeverzug aus, sondern bestätigt diesen. Dieser entpuppt sich auch in der vorliegenden Fallkonstellation als das maßgebliche Rechtsinstitut zur Beantwortung der Frage nach einem Zurückweisungsrecht des Käufers bei Angebot der mangelhaften Kaufsache. Dem Käufer steht unter dem Aspekt des Annahmeverzugs kein Zurückweisungsrecht zu, da er zur Abnahme der mangelhaften Kaufsache verpflichtet ist.

VIII. Parallele zum Verstoß gegen die Leistungszeit

Es ist bereits angeklungen, dass in der Konstellation des unumgänglichen Verstoßes gegen § 433 Abs. 1 S. 2 BGB nicht die Parallele zu § 266 BGB und der sich anschließenden Teilunmöglichkeit, sondern diejenige zum unwiederbringlichen Verstoß gegen die Leistungszeit gemäß § 271 BGB zu ziehen ist.[83] Lässt man den Sonderfall des absoluten Fixgeschäftes einmal außer Betracht, so geht es beim Verzug wie bei der Mangelhaftigkeit der Kaufsache nicht um eine Konstellation der Unmöglichkeit. Liefert der Verkäufer nicht zeitgerecht, so steht dem Käufer daher bereits vor Gefahrübergang unter den Voraussetzungen von § 323 BGB ein Rücktrittsrecht und denjenigen von § 281 BGB ein Anspruch auf Schadensersatz statt der Leistung zu. Vor deren Geltendmachung greift gemäß §§ 280 Abs. 1, Abs. 2, 286 BGB flankierend ein Anspruch auf Schadensersatz aus Verzug ein.

Nicht anders ist der Käufer im Vorfeld der Übereignung der mangelhaften Kaufsache geschützt. Es handelt sich um die gemeinsame Leistungsstörung der Nichtleistung nach Fristsetzung. In beiden Konstellationen kann der Verkäufer seine Leistungspflicht aus § 433 Abs. 1 S. 1 BGB unverändert erfüllen, der Käufer bleibt zur Abnahme der Kaufsache verpflichtet. Der einzige Unterschied besteht darin, dass die Verletzung der Leistungszeit sich nicht unmittelbar auf die Kaufsache auswirkt.

---

[83] S. o. § 5 VI. und § 14 I.

Besteht für den Käufer bei einem Verstoß gegen die Leistungszeit, also maßgeblich bei einer verspäteten Lieferung, bereits vor der Übereignung die Möglichkeit zum Rücktritt und zum Schadensersatz, stellt sich aus diesem Blickwinkel neu die Frage, ob der Käufer erst die Abnahme vollziehen muss, um die Mängelrechte aus § 437 BGB geltend machen zu können. Die Lösung ist auch hier bei der Leistungsstörung in Form der Nichtleistung zu suchen, liegt also in § 323 BGB verborgen.

IX. Antizipiertes Rücktrittsrecht aus § 323 Abs. 4 BGB

Es scheint, dass der Gesetzgeber die Konstellation der „Unmöglichkeit" der mangelfreien Leistung nicht eigens bedacht hat. Kann der Verkäufer die Verpflichtung aus § 433 Abs. 1 S. 2 BGB nicht erfüllen, scheint diese Pflichtverletzung vor Gefahrübergang sanktionslos zu bleiben.

Die Konstellation eines sich abzeichnenden Rücktrittsrechts hat der Gesetzgeber indes – nach dem Vorbild von Art. 72 Abs. 1 CISG[84] – ausdrücklich in § 323 Abs. 4 BGB normiert. Nach dieser Vorschrift kann der Gläubiger bereits vor dem Eintritt der Fälligkeit der Leistung vom Vertrag zurücktreten, wenn offensichtlich ist, dass die Voraussetzungen des Rücktritts eintreten werden. Es handelt sich um eine Ausnahme zu § 323 Abs. 1 BGB, der für den Rücktritt die Fälligkeit des Anspruchs voraussetzt. In § 323 Abs. 1 BGB ist bereits die Leistungsstörung der *„nicht vertragsgemäßen Leistung"*, also das Gewährleistungsrecht, gleichberechtigt neben der Nichtleistung beheimatet. § 323 Abs. 4 BGB gilt daher auch für diese Konstellation.[85] Der Käufer kann also bereits vor der Fälligkeit, d. h. vor der Leistungserbringung vom Kaufvertrag zurücktreten. § 323 Abs. 4 BGB normiert exakt die Konstellation der Mängelrechte des Käufers vor Gefahrübergang.[86] Macht der Käufer von diesem Rücktrittsrecht Gebrauch, trägt er jedoch das Prognoserisiko, muss also den hypothetischen Nachweis führen, dass der Verkäufer nach Gefahrübergang ausweglos mit den Mängelrechten des Käufers konfrontiert gewesen wäre. Genau

---

[84] BT-Drs. 14/6040, S. 186.

[85] Ausführlich dazu *Ernst*, in: Münchener Kommentar, § 323, Rn. 133; ebenso *H. Schmidt*, in: BeckOK (Stand: 01.08.2022), § 323, Rn. 6 f.; *Oechsler*, Vertragliche Schuldverhältnisse, § 2, Rn. 382; *Stürner*, in: Prütting/Wegen/Weinreich, § 323, Rn. 4 ff., und *Hofmann/Pammler*, ZGS 2004, 91 (95); ablehnend *Heyers/Heuser*, NJW 2010, 3057 (3058), die vorrangig das allgemeine Leistungsstörungsrecht für anwendbar halten. Die Unmöglichkeit der mangelfreien Leistung bewirke, dass der Anspruch aus § 433 Abs. 1 S. 1 BGB ebenfalls untergehe, s. dazu bereits die Anmerkung in Fn. 80. Anders wiederum *Looschelders*, in: BeckOGK (Stand: 01.08.2022), § 323, Rn. 228, und *Gsell*, in: Soergel, § 323, Rn. 130, die zwar § 323 Abs. 4 BGB für die Schlechtleistung anwendbar halten, aber bei Unmöglichkeit § 326 Abs. 5 BGB in Kombination mit § 323 Abs. 4 BGB anwenden.

[86] Ebenso *Ernst*, in: Münchener Kommentar, § 323, Rn. 133, und *Hofmann/Pammler*, ZGS 2004, 91 (95).

dies ist aber der Fall, wenn dem Verkäufer eine mangelfreie Leistung von vornherein nicht möglich ist.

Ausweislich dieser Überlegungen kann der Käufer gemäß § 323 Abs. 4 BGB das Rücktrittsrecht, das ihm gemäß §§ 437 Nr. 2, 326 Abs. 5 BGB an sich erst nach Gefahrübergang zusteht, bereits zuvor ausüben. Der Käufer muss also nicht erst die Kaufsache abnehmen, um daran anschließend sein Wahlrecht aus § 437 BGB geltend machen zu können.[87]

Das Rücktrittsrecht besteht auch dann, wenn die mangelfreie Leistung bereits im Zeitpunkt des Vertragsschlusses „unmöglich" war. § 311a Abs. 2 BGB steht dem nicht entgegen.[88] Denn die Vorschrift trifft allein für den Schadensersatzanspruch eine Sonderregel, auf die § 437 Nr. 3 BGB verweist.[89] Für den Rücktritt spielt es gemäß §§ 437 Nr. 2, 323, 326 Abs. 5 BGB keine Rolle, zu welchem Zeitpunkt die mangelfreie Leistung „unmöglich" geworden oder bereits anfänglich gewesen ist. Dies gilt gleichermaßen für den antizipierten Rücktritt gemäß § 323 Abs. 4 BGB.

X. Zurückweisungsrecht kraft Rücktritts

Es dürfte auch dem Bürger als Laien unmittelbar einleuchten, dass der Käufer eine mangelfreie Kaufsache zurückweisen kann. Kaum nachvollziehbar dürfte für den Bürger hingegen der Zusatz sein, dass ihm dieses Recht nicht zustehen soll und er im Gegenteil zur Abnahme verpflichtet sei, wenn die mangelfreie Leistung unmöglich ist. Der umgekehrte Schluss drängt sich auf, dass dem Käufer jedenfalls bei „Unmöglichkeit" einer mangelfreien Leistung ein Zurückweisungsrecht zusteht. Dieser Erst-recht-Schluss bewahrheitet sich anhand von § 323 Abs. 4 BGB. Rechtlicher Bezugspunkt für das Zurückweisungsrecht ist vorliegend das Rücktrittsrecht, das dem Käufer bereits vor Gefahrübergang eröffnet ist, sofern die mangelfreie Leistung ausgeschlossen ist. Hierzu bedarf es aus gutem Grund weder einer vorherigen Fristsetzung – diese macht in der vorliegenden Konstellation § 323 Abs. 4 BGB entbehrlich – noch einer Anzeige, wie sie in Art. 72 Abs. 2 CISG vorgesehen ist. Hier hat sich der bundesdeutsche Gesetzgeber für einen einfacheren Weg entschieden.[90]

---

[87] Auf dieses Argument stützt sich der BGH, der das Rücktrittsrecht vor Gefahrübergang allerdings mittels § 242 BGB begründet, BGH NJW 1961, 772 (774); 1995, 1737 (1738).

[88] So aber tendenziell *Ernst*, in: Münchener Kommentar, § 323, Rn. 133; dagegen unterstützend zur hier vertretenen Meinung *Gsell*, in: Soergel, § 323, Rn. 132, und *Looschelders*, in: BeckOGK (Stand: 01.11.2022), § 323, Rn. 228, die den Bezug zu § 311a Abs. 2 BGB ablehnen, weil dieser allein Schadensersatz und nicht Rücktritt behandle.

[89] S. dazu sogleich unter XI.

[90] *H. Schmidt*, in: BeckOK (Stand: 01.08.2022), § 323, Rn. 7.

XI. Antizipierter Schadensersatzanspruch
analog § 323 Abs. 4 BGB

Analog zum antizipierten Rücktrittsrecht gemäß § 323 Abs. 4 BGB kann der Käufer auch bereits vor Gefahrübergang einen Schadensersatzanspruch im Sinne von § 437 Nr. 3 BGB geltend machen. Der Rechtsgedanke des § 323 Abs. 4 BGB ist ebenso für den Schadensersatzanspruch fruchtbar zu machen,[91] zumal dieser verschuldensabhängig ist. Zu unterscheiden ist dann lediglich, ob es sich um einen Fall der anfänglichen oder nachträglichen Unmöglichkeit handelt. Maßgeblicher Bezugspunkt bleibt der Vertragsschluss. Denn § 311a BGB stellt auf den Kenntnisstand des Verkäufers zu diesem Zeitpunkt ab. War die mangelfreie Leistung also schon bei Vertragsschluss ausgeschlossen, kann der Käufer den Verkäufer hierfür antizipiert unter den Voraussetzungen von § 311a Abs. 2 BGB in Anspruch nehmen. Bei einem nach Vertragsschluss, aber noch vor Gefahrübergang schuldhaft herbeigeführten Ausschluss der Mangelfreiheit haftet der Verkäufer antizipiert aus §§ 280 Abs. 1, Abs. 2, 283 BGB.

Gemäß § 325 BGB können Rücktritt und Schadensersatz gleichermaßen schon vor Gefahrübergang kumuliert werden. Anstelle des Schadensersatzes statt der Leistung kann der Käufer analog § 323 Abs. 4 BGB auch antizipiert aus § 284 BGB Aufwendungsersatz verlangen.

XII. Antizipation von Minderungsrecht
und kleinem Schadensersatz

Das Recht zur Minderung setzt gemäß §§ 437 Nr. 2, 441 BGB den vorherigen Gefahrübergang voraus. Auch dieses Recht kann der Käufer analog § 323 Abs. 4 BGB bereits vor Gefahrübergang geltend machen. Die Analogie ergibt sich im Wege des Erst-recht-Schlusses aus dem antizipierten Rücktrittsrecht. Das Minderungsrecht ist im Sinne des argumentum a maiore ad minus das weniger einschneidende Mängelrecht. Der Käufer muss also nicht erst die Kaufsache Zug um Zug unter Zahlung des vollen Kaufpreises abnehmen, um sodann den Kaufpreis mindern und anteilig zurückfordern zu können. Zur Begründung bedarf es nicht eines Kunstgriffs im Sinne einer „juristischen Sekunde" zwischen Gefahrübergang und Erklärung der Minderung. Eine anfängliche Reduzierung des Kaufpreises im Wege des antizipierten Minderungsrechts führt zum sachgerechten Ergebnis. Dem Käufer bleibt das Risiko einer Insolvenz des Verkäufers erspart.

---

[91] Ausführlich *Ernst*, in: Münchener Kommentar, § 281, Rn. 67, zur Konstellation der Leistungsverweigerung vor Fälligkeit und *Looschelders*, in: BeckOGK (Stand: 01.11.2022), § 323, Rn. 250–251.1 mit weiteren Nachweisen zur herrschenden Meinung, die eine analoge Anwendung von §§ 280 Abs. 1, 3, 281 Abs. 1, 2 BGB vor Fälligkeit in den Fällen des § 323 Abs. 4 erlaubt. Die planwidrige Regelungslücke leitet sich aus einem Vergleich mit dem alten Recht sowie aus dem Gesetzgebungsmaterial zum Schuldrechtsmodernisierungsgesetz ab.

Es ist dem Käufer unbenommen, alternativ oder gemäß § 325 BGB kumulativ zur Minderung die Kaufsache zu behalten und sich auf den kleinen Schadensersatzanspruch aus §§ 280 Abs. 1, Abs. 3, 283 BGB zu beschränken.[92]

XIII. Schutz des antizipierten Wahlrechts des Käufers

Der Rückgriff auf § 323 Abs. 4 BGB erweist die Notwendigkeit einer strikten Abgrenzung der sogenannten „qualitativen Teilunmöglichkeit" von der quantitativen Teilunmöglichkeit. Denn in deren Zuge tritt gemäß § 326 Abs. 1 S. 1, 2. HS BGB i. V. m. § 441 BGB die Minderung automatisch ein. Im Wege des antizipierten Minderungsrechts analog § 323 Abs. 4 BGB bleibt dem Käufer hingegen sein ebenso antizipiertes Wahlrecht aus § 437 BGB erhalten. Es gilt nicht § 326 Abs. 1 S. 1, 2. HS BGB, sondern § 323 Abs. 4 BGB in Verbindung mit §§ 437 Nr. 2, 326 Abs. 1 S. 2, Abs. 5 BGB.

Im Ergebnis der Überlegungen hat der Käufer bei Unmöglichkeit der späteren Nacherfüllung bereits vor Gefahrübergang ein Wahlrecht, das demjenigen aus § 437 Nr. 2, 3 BGB entspricht. Es tritt kein Automatismus ein. Es handelt sich auch beim antizipierten Wahlrecht aus § 437 Nr. 2, 3 BGB um eine Wahlschuld mit Wahlrecht des Käufers.[93]

XIV. Umkehr der Darlegungs- und Beweislast zulasten des Käufers

Die Antizipation der Mängelrechte mittels § 323 Abs. 4 BGB hat aus Sicht des Käufers zur Folge, dass er den offensichtlichen Eintritt der Mängelrechte darlegen und beweisen muss. § 323 Abs. 4 BGB bewirkt also eine Umkehr der Darlegungs- und Beweislast, was den Ausschluss der Mangelfreiheit anbelangt. Diesen muss nunmehr der Käufer darlegen und beweisen, wohingegen nach Gefahrübergang der Verkäufer die Unmöglichkeit der Nacherfüllung als Untergangsgrund für den Anspruch des Käufers aus § 439 Abs. 1 BGB darlegen und beweisen muss. Die Umkehr der Darlegungs- und Beweislast ist hingegen sachgerecht. Sie ist gleichsam der „Preis", den der Käufer für die antizipierte Geltendmachung der Mängelrechte zu

---

[92] Der kleine Schadensersatz statt der Leistung scheidet nach Ansicht des BGH neben einer Minderung aus, wenn kein über den mangelbedingten Minderwert hinausgehender Schaden vorliegt, BGH NJW 2018, 2863 (2866 f., Rn. 33); NJW 2011, 2953 (2955, Rn. 16), was hingegen § 325 BGB widerspricht. Es handelt sich schlicht um ein und denselben Anspruch, der sich auf konkurrierende Anspruchsgrundlagen stützen lässt. Differenziert im Sinne einer breiteren Anwendung des kleinen Schadensersatzes statt der Leistung neben der Minderung daher auch *Stöber*, in: BeckOGK (Stand: 01.08.2022), § 441, Rn. 30 mit weiteren Nachweisen.

[93] S. dazu bereits ausführlich *Stamm*, JZ 2015, 920 (927).

zahlen hat. Aufgrund der einschneidenden Wirkungen für den Verkäufer hat der Gesetzgeber sachgerecht dem Gläubiger das Prognoserisiko überantwortet.[94]

XV. Zurückweisung als konkludenter Rücktritt

Der Käufer kann sich frei entscheiden, ob er die mangelhafte Kaufsache abnimmt oder zurückweist. Das Recht zur Zurückweisung beruht bei Ausschluss der mangelfreien Leistung nicht auf einer Negation des Annahmeverzugs, sondern auf der mittels § 323 Abs. 4 BGB antizipierten Ausübung des Wahlrechts des Käufers aus § 437 Nr. 2, 3 BGB. Die Zurückweisung einer mangelhaften Sache wegen der Unmöglichkeit einer späteren Nacherfüllung beinhaltet mithin die (konkludente) Erklärung des Rücktritts und zugleich die Ablehnung der Minderung.

Dem Bürger mag die einschneidende Folge seiner Zurückweisung nicht bewusst sein, weshalb sich die Frage nach einem milderen Mittel stellt. Anders formuliert ist zu hinterfragen, ob die Zurückweisung es rechtfertigt, daraus konkludent die Ausübung des Rücktrittsrechts abzuleiten. Der Käufer würde anderenfalls jedoch in Annahmeverzug geraten. Denn er ist ohne Rücktritt zur Abnahme der mangelbehafteten Kaufsache verpflichtet. Das Wahlrecht aus § 437 BGB begründet für sich genommen kein Zurückweisungsrecht. Dies ist sachgerecht, da der Verkäufer anderenfalls einem Schwebezustand ausgeliefert wäre. Nicht das Wahlrecht, sondern erst dessen Ausübung im Sinne eines Rücktritts vom Kaufvertrag bringt die Verpflichtung des Käufers zur Abnahme zu Fall und liefert ihm ein Zurückweisungsrecht.[95] Es verhält sich bei den Mängelrechten des Käufers, seien sie nun antizipiert oder nicht, ebenso wie im Zuge anderer Leistungsstörungen. Erst ihre Ausübung bewirkt die Umgestaltung der Rechtslage. Dies gilt insbesondere für den Rücktritt als Gestaltungsrecht, nicht anders aber für die Geltendmachung des Schadensersatzes statt der Leistung und den Untergang der primären Erfüllungsansprüche gemäß § 281 Abs. 4 BGB.

Vor diesem Hintergrund ist es nur sachgerecht, die Zurückweisung der mangelhaften Kaufsache als konkludente Ausübung des Rücktrittsrechts auszulegen. Dies hindert schließlich den Verkäufer nicht, dem Käufer die mangelhafte Kaufsache unter Minderung des Kaufpreises neu anzubieten. Umgekehrt ist es aber auch das gute Recht des Verkäufers, die Kaufsache nach Zurückweisung durch den Käufer anderweitig zu veräußern.

Will der Käufer die Zurückweisung (noch) nicht als Rücktritt verstanden wissen, weil er beispielsweise eine Bedenkzeit benötigt, muss er dies entsprechend äußern.

---

[94] Ebenso, wenn auch ohne Begründung, *Grüneberg*, in: Grüneberg, § 323, Rn. 23; *Ulber*, in: Erman, § 323, Rn. 50, und *Stürner*, in: Prütting/Wegen/Weinreich, § 323, Rn. 9.

[95] Demgegenüber will BGH NJW 2020, 2104 (2113, Rn. 78 f.), aus dem bloßen Bestand eines Rücktrittsrechts des Käufers auf eine Einrede gegenüber dem Kaufpreisanspruch schließen.

Er gerät dann aber in Annahmeverzug – bei Mahnung des Verkäufers hinsichtlich der Abnahmepflicht weitergehend in Schuldnerverzug – mit den sich daraus ableitenden Rechtsfolgen. Dies ist gleichsam der Preis, den der Käufer für die Bedenkzeit und den Erhalt seines Wahlrechts zu zahlen hat.[96]

XVI. Erhalt des Wahlrechts bei Annahme der Kaufsache

Das Wahlrecht des Käufers bleibt ihm erhalten, wenn er die mangelhafte Kaufsache abnimmt. Hierin liegt – jedenfalls für sich genommen – keine konkludente Erklärung der Minderung. Der Käufer verzichtet lediglich auf sein antizipiertes Wahlrecht aus § 323 Abs. 4 BGB. Dieses wandelt sich durch die Abnahme und den damit einhergehenden Gefahrübergang in das unmittelbare Wahlrecht aus § 437 Nr. 2, 3 BGB. Der Käufer trägt nun nicht mehr das Prognoserisiko aus § 323 Abs. 4 BGB, jedoch das Insolvenzrisiko des Verkäufers im Hinblick auf die Mängelrechte. Denn der Käufer ist bei Abnahme der Kaufsache gemäß § 320 Abs. 1 BGB Zug um Zug zur Kaufpreiszahlung verpflichtet.[97]

Im Unterschied zur Zurückweisung der Kaufsache ist ihre Abnahme nicht mit einer Ausübung des Wahlrechts verbunden, weil der Käufer durch die Abnahme lediglich seiner Verpflichtung aus § 433 Abs. 2, 2. Fall BGB nachkommt. Die Abnahme erfolgt nicht um den „Preis" einer Festlegung des Käufers auf ein Mängelrecht. Der Verkäufer bleibt aufgrund seiner Pflichtverletzung sachgerecht dem Schwebezustand ausgesetzt, der sich aus dem Wahlrecht des Käufers aus § 437 BGB ergibt. Gemäß § 264 Abs. 2 S. 1 BGB kann der Verkäufer diesen Schwebezustand beenden, indem er dem Käufer eine Frist zur Ausübung setzt.[98] Nach ergebnislosem Fristablauf geht das Wahlrecht auf den Verkäufer über.

---

[96] Die Überlegungen betreffen auch den Verbrauchsgüterkauf. § 475 Abs. 5 BGB schützt den Verbraucher lediglich vor Unannehmlichkeiten bei der Abwicklung der Nacherfüllung, nicht hingegen im Zuge der vorlaufenden Ausübung seines Wahlrechts aus §§ 437, 439 Abs. 1 BGB. Darüber hinaus ist § 475 Abs. 5 BGB auf den Schutz vor *erheblichen* (!) Unannehmlichkeiten beschränkt. Die zugrunde liegenden Regelungen der Warenkaufrichtlinie treffen ebenso wenig Vorgaben für die Ausübung des Wahlrechts, zumal sich die Richtlinie, Art. 3 Abs. 6 der Warenkaufrichtlinie, und in ihrer Umsetzung das nationale Recht des Verbrauchsgüterkaufs, § 476 Abs. 3 BGB, nicht zum Schadensersatzrecht verhalten. Schließlich bleibt im Zuge der Auslegung einer Zurückweisung der Kaufsache durch den Käufer als konkludenter Rücktritt gemäß § 133 BGB genügend Spielraum, um den Interessen und Bedürfnissen des Verbrauchers Rechnung zu tragen.

[97] Zu einer sich anschließenden Mängeleinrede s. gesondert den Zweiten Teil der Untersuchung.

[98] *Schwab*, JR 2003, 133 (134), und *Stamm*, JZ 2015, 920 (925). Ebenso zur Anwendung von § 264 Abs. 2 BGB im Zuge von § 439 BGB *Büdenbender*, AcP 205 (2005), 386 (417); *Berger*, in: Jauernig, § 439, Rn. 17 f., und *Schellhammer*, MDR 2002, 301 (301).

XVII. Ausschluss des antizipierten Rücktrittsrechts gemäß § 323 Abs. 5 BGB?

Umstritten ist, ob der Käufer bereits vor Gefahrübergang den Einschränkungen von § 323 Abs. 5 BGB unterworfen ist. Im Mittelpunkt der Diskussion steht die Frage, ob der Mangel auch in dieser Konstellation erheblich sein muss. Dies wird mehrheitlich bejaht.[99] Der Streit ist erheblich, da der Ausschluss der mangelfreien Leistung ein Indiz für die Erheblichkeit sein mag, dies jedoch nicht notwendig impliziert. Zu denken ist nur an rein optische Mängel.[100]

1. Kein Fall des Wegfalls des Leistungsinteresses

Gemäß § 323 Abs. 5 S. 1 BGB kann der Gläubiger vom ganzen Vertrag nur zurücktreten, wenn er an der bewirkten Teilleistung kein Interesse hat. Es handelt sich um die Konstellation der Teilunmöglichkeit bei teilbarer Leistung im Sinne von § 266 BGB. Will man die Parallele von der quantitativen Teilunmöglichkeit zur sogenannten qualitativen Teilunmöglichkeit ziehen,[101] so wäre der Ausschlusstatbestand des § 323 Abs. 5 S. 1 BGB auf die Konstellation der „Unmöglichkeit" der mangelfreien Leistung zu übertragen. Aus gutem Grund wird dies aber nicht erwogen. Wie sich erwiesen hat, kann von einer qualitativen Teilunmöglichkeit erst nach Gefahrübergang die Rede sein, wenn es um den Anspruch des Käufers aus § 439 Abs. 1 BGB geht. Zuvor liegt keine Unmöglichkeit vor.[102] § 433 Abs. 1 S. 2 BGB normiert lediglich eine Leistungsmodalität. Mit Recht ist § 323 Abs. 5 S. 1 BGB daher im vorliegenden Kontext auf die Konstellation der teilweisen Unmöglichkeit der primären Leistungspflicht aus § 433 Abs. 1 S. 1 BGB beschränkt. Die Vorschrift korreliert insofern mit § 326 Abs. 1 S. 1, 2. HS BGB.

2. Rückschlüsse aus § 323 Abs. 5 S. 1 BGB

Es ist zu beachten, dass § 323 Abs. 5 S. 1 BGB nach seinem klaren Wortlaut voraussetzt, dass eine Teilleistung bereits „*bewirkt*" ist. Dies ist dann der Fall, wenn der Gläubiger auf sein aus § 266 BGB mittels § 294 BGB abgeleitetes Zurückweisungsrecht verzichtet hat. Ein Rücktritt vom ganzen Vertrag ist nunmehr mit einer

---

[99] *Jud*, JuS 2004, 841 (846); *Lorenz*, NJW 2013, 1341 (1344); *Wu*, JuS 2020, 394 (396); *Stürner*, in: Prütting/Wegen/Weinreich, § 326, Rn. 24; *Berger*, in: Jauernig, § 437, Rn. 29; *Heinemeyer*, NJW 2019, 1025 (1029), sowie *Lamprecht*, ZIP 2002, 1790 (1790); hingegen ablehnend *Faust*, in: BeckOK (Stand: 01.08.2022), § 433, Rn. 44; *Oetker/Maultzsch*, Vertragliche Schuldverhältnisse, § 2, Rn. 278, und *Benicke/Hellwig*, in: Soergel, § 281, Rn. 59.

[100] Laut BGH NJW 2008, 1517 (1518 f., Rn. 22), ist der Mangel auch dann „zweifelsfrei unerheblich", wenn der mangelbedingte Minderwert unter einem Prozent des Kaufpreises liegt.

[101] *Lorenz*, NJW 2013, 1341 (1344), und *Wu*, JuS 2020, 394 (396).

[102] S. o. § 14 VI.

(teilweisen) Rückabwicklung des Kaufvertrages verknüpft. Dies bedeutet für beide Vertragsparteien einen erheblichen Aufwand. Zudem hat der Käufer durch die Entgegennahme der Teilleistung bereits einen maßgeblichen Vertrauensschutz geschaffen. Der Käufer verhielte sich widersprüchlich, wenn er davon ohne sachlichen Grund im Wege des Rücktritts Abstand nähme.[103] Dies ist nur dann gerechtfertigt, wenn er an der bereits erbrachten Teilleistung kein Interesse mehr hat.[104] Anderenfalls handelte es sich um einen Fall der reinen Kaufreue. Die Vorschrift des § 323 Abs. 5 S. 1 BGB entspringt damit letztlich dem allgemeinen Grundsatz von Treu und Glauben gemäß § 242 BGB.[105]

Im Umkehrschluss aus § 323 Abs. 5 S. 1 BGB ist zu folgern, dass die Ausübung des Rücktrittsrechts vor Annahme einer Teilleistung keiner Einschränkung unterliegt.[106] Hier ist noch kein Vertrauensschutz geschaffen. Der Käufer kann also im Sinne von § 266 BGB die Annahme einer Teilleistung auch dann verweigern und vom Kaufvertrag zurücktreten, wenn die angebotene Teilleistung für ihn von Interesse ist. § 323 Abs. 5 S. 1 BGB gelangt sowohl nach seinem ausdrücklichen Wortlaut als auch nach seiner ratio legis nicht zur Anwendung. Im Weiteren spricht dies allein auch schon aus Gründen der Systematik für eine entsprechende Wertung bei § 323 Abs. 5 S. 2 BGB, dass also der Mangel vor Gefahrübergang nicht erheblich sein muss.[107]

3. Wortlaut und Systematik von § 323 Abs. 5 S. 2 BGB im Verhältnis zu § 323 Abs. 4 BGB

Der Wortlaut von § 323 Abs. 5 S. 2 BGB setzt voraus, dass „*der Schuldner die vertragsgemäße Leistung bewirkt*" hat. Dieser Befund wird durch die systematische Anknüpfung an § 323 Abs. 5 S. 1 BGB bestätigt. Die gemeinsame Klammer in § 323 Abs. 5 BGB besteht darin, dass der Gläubiger die Leistung bereits teilweise oder

---

[103] Ähnlich sehen *Oetker/Maultzsch*, Vertragliche Schuldverhältnisse, § 2, Rn. 278, den Sinn der Unerheblichkeitsklausel darin, dass eine geringfügige Vertragswidrigkeit den Bestand des Schuldverhältnisses nicht mehr in Frage stellen soll, wenn der Kaufgegenstand bereits geliefert worden ist.

[104] Hinsichtlich der Rechtsfolge ebenso *Looschelders*, in: BeckOGK (01.11.2022), § 323, Rn. 293: „Nach Annahme einer Teilleistung kann der Gläubiger aber nur noch unter den Voraussetzungen des § 323 Abs. 5 S. 1 BGB vom ganzen Vertrag zurücktreten".

[105] Die Motive, BT-Drs. 14/6040, S. 186, stellen demgegenüber auf wirtschaftliche Aspekte der Verhältnismäßigkeit ab; ebenso *Ulber*, in: Erman, § 323, Rn. 54, und *Dauner-Lieb/Dubovitskaya*, in: NomosKommentar, § 323, Rn. 34.

[106] S. dazu schon oben § 12 X.; ebenso lassen *Looschelders*, in: BeckOGK (Stand: 01.11. 2022), § 323, Rn. 293, und *Ernst*, in: Münchener Kommentar, § 323, Rn. 206, den Rücktritt wegen Nichtleistung nach erfolgter Zurückweisung einer Teilleistung nach § 266 BGB zu.

[107] Ein solcher Schluss liegt dann besonders nahe, wenn man die Nähe der sogenannten qualitativen Teilunmöglichkeit zur quantitativen Teilunmöglichkeit betonen will. *Lorenz*, NJW 2013, 1341 (1343, 1344), und *Wu*, JuS 2020, 394 (396–399), gelangen hingegen zur gegenteiligen Annahme.

ganz angenommen hat. Ist nun § 323 Abs. 4 BGB die Rechtsgrundlage für das antizipierte Rücktrittsrecht, so spricht die sich unmittelbar anschließende Regelung des § 323 Abs. 5 BGB auf den ersten Blick für deren Anwendung. Dies ließe jedoch die umgekehrte Anknüpfung von § 323 Abs. 4 BGB an § 323 Abs. 2 und Abs. 3 BGB unberücksichtigt. Hier liegt die Gemeinsamkeit in der Verbindung mit dem Grundtatbestand des § 323 Abs. 1 BGB. Die nachfolgenden Absätze normieren Ausnahmetatbestände, bei denen die Fristsetzung entbehrlich oder ausgeschlossen ist. Der Gesetzgeber hat also vorrangig in § 323 Abs. 1 bis Abs. 4 BGB die Rücktrittsrechte mit deren Voraussetzungen und nachrangig in § 323 Abs. 5, Abs. 6 BGB die Ausschlusstatbestände normiert. Eine Zuordnung der Ausschlussgründe zum jeweiligen Rücktrittsrecht hat der Gesetzgeber nicht vorgenommen. Dies bedeutet, dass der Wortlaut ausschlaggebend für die Anwendung ist. Dieser spricht – wie ausgeführt – gegen eine Anwendung von § 323 Abs. 5 S. 2 BGB vor Gefahrübergang.

4. Die gesetzgeberischen Motive

Es fügt sich, dass der Gesetzgeber in den Motiven zu § 323 Abs. 5 S. 1, 2 BGB ausschließlich die in der Vorschrift benannten Fälle einer bereits teilweise oder mangelhaft erbrachten Leistung vor Augen hatte.[108] Ebenso belegen die Motive, dass der Gesetzgeber bei Ausgestaltung des antizipierten Rücktrittsrechts gemäß § 323 Abs. 4 BGB keine Überlegungen zur Frage des Ausschlusses getroffen hat.[109] Die Vorschrift ist also insofern nicht zu Ende gedacht. Diesen rudimentären Charakter unterstreichen die Überlegungen zur analogen Anwendung von § 323 Abs. 4 BGB auf die weiteren Mängelrechte aus § 437 BGB. Entscheidendes Gewicht kommt mithin neben dem Wortlaut von § 323 Abs. 5 S. 2 BGB der teleologischen Auslegung zu.

5. Rückschlüsse aus der Verweisung in § 326 Abs. 5 BGB

§ 437 Nr. 2 BGB verweist für das Rücktrittsrecht des Käufers bei Unmöglichkeit der Nacherfüllung auf § 326 V BGB, der seinerseits § 323 BGB für „entsprechend" anwendbar erklärt. Die „entsprechende" Anwendung von § 323 BGB wird teilweise auf die Konstellation bezogen, in der die nicht vertragsgemäße Leistung noch nicht bewirkt ist.[110] Demgegenüber bezieht sich die Formulierung aber auf die entsprechende Anwendung „mit der Maßgabe, dass die Fristsetzung entbehrlich ist." Gemeint ist also die entsprechende Anwendung von § 323 BGB für den Fall der Unmöglichkeit der primären Leistungspflicht. Hier ergibt die Fristsetzung keinen Sinn. Indem § 437 Nr. 2 BGB nun seinerseits auf § 326 Abs. 5 BGB verweist, ist sicher-

---

[108] BT-Drs. 14/6040, S. 186 f.

[109] BT-Drs. 14/6040, S. 186.

[110] *Lorenz*, NJW 2013, 1341 (1344).

gestellt, dass § 323 BGB auch dann entsprechende Anwendung findet, wenn die Erfüllung des Nacherfüllungsanspruchs aus § 439 Abs. 1 BGB unmöglich ist. Für die Konstellation, dass die mangelfreie Leistung schon vor Gefahrübergang ausgeschlossen ist, ordnet § 326 Abs. 5 BGB keine *„entsprechende"* Regelung an.

6. Abweichende Interessenlage vor Gefahrübergang

Die Situation vor Gefahrübergang unterscheidet sich erheblich von derjenigen danach. Im Vorfeld sind die Barrieren für eine Loslösung vom Vertrag wesentlich niedriger.[111] Der Verkäufer kann die Ware unbeeinträchtigt durch einen vorherigen Gebrauch des Käufers anderweitig veräußern. Er kann, was bei einer mangelhaften Kaufsache naheliegt, unmittelbar Rückgriff bei seinem Lieferanten und/oder dem Hersteller nehmen. Eine notwendige Beweissicherung kann unbeeinträchtigt vom Käufer betrieben werden. Auch werden regelmäßig für den Verkäufer keine maßgeblichen Rückabwicklungskosten anfallen. Ferner werden die rechtlichen und tatsächlichen Schwierigkeiten einer Rückabwicklung gemäß §§ 346 Abs. 1 bis Abs. 4 BGB, 347 Abs. 1 und Abs. 2 BGB vermieden.[112] Ein früher Rücktritt seitens des Käufers beeinträchtigt den Verkäufer also weitaus weniger.[113] Diese teleologischen Erwägungen sprechen entschieden gegen eine Reglementierung des antizipierten Rücktrittsrechts.

7. Vertrauensschutz durch Abnahme der Kaufsache

Nicht anders als bei Abnahme einer Teilleistung schafft der Käufer bei Abnahme einer nicht vertragsgemäßen Leistung einen Vertrauensschutz zugunsten des Verkäufers. Weiß der Käufer zudem von dem Mangel, verhält er sich widersprüchlich, wenn er wegen dieses Mangels (erst) später den Rücktritt erklärt. Im Werkvertragsrecht muss sich der Besteller daher im Zuge der Abnahme gemäß § 640 Abs. 3 BGB die Mängelrechte, mithin auch den Rücktritt, vorbehalten, will er seine Mängelrechte nicht verlieren.[114] Eine vergleichbare Regelung hat der Gesetzgeber für das Kaufrecht nicht vorgesehen. § 442 BGB knüpft an den Zeitpunkt des Ver-

---

[111] Ausführlich dazu *Faust*, in: BeckOK (Stand: 01.08.2022), § 433, Rn. 42, und *Oetker/Maultzsch*, Vertragliche Schuldverhältnisse, § 2, Rn. 278, unter Berufung auf den Wortlaut von § 323 Abs. 5 BGB; *Benicke/Hellwig*, in: Soergel, § 281, Rn. 59, argumentiert mit dem Wissensdefizit des Gläubigers; für die Anwendung der Erheblichkeitsschwelle plädieren hingegen *Grunewald*, in: Erman, Vor § 437, Rn. 11; *Heinemeyer*, NJW 2019, 1025 (1029); *Berger*, in: Jauernig, § 437, Rn. 29; *Jud*, JuS 2004, 841 (845 f.); *Lamprecht*, ZIP 2002, 1790 (1790); *Lorenz*, NJW 2013, 1341 (1344); *Grüneberg*, in: Grüneberg, § 281, Rn. 41, 47, und *Schwarze*, in: Staudinger, § 281, Rn. C28.

[112] S. dazu noch gesondert unter 8.

[113] Darüber hinaus entspricht er dem Nachhaltigkeitsgebot aus Art. 20a GG, was allerdings über die Interessenlage im Schuldverhältnis zwischen Verkäufer und Käufer hinausgeht.

[114] Der Anspruch auf Schadensersatz ist hiervon allerdings wegen des Verschuldenserfordernisses ausgenommen.

tragsschlusses an. Gleichwohl bleibt der Aspekt des Vertrauensschutzes auch in Bezug auf die Abnahme beim Kaufvertrag zu berücksichtigen. Er setzt allerdings voraus, dass der Käufer bei Angebot der mangelhaften Kaufsache Entscheidungsfreiheit hat, ihm also ein Zurückweisungsrecht zusteht und er von dessen Wahrnehmung bewusst absieht. Dies ist dann schon nicht der Fall, wenn der Käufer von dem Mangel keine Kenntnis hat. Anders als bei Angebot einer Teilleistung liegt der Mangel nicht notwendig vor Augen.

Bedeutsamer ist aber der Umstand, dass der Käufer in der Parallele zur Abnahme einer Teilleistung bei Abnahme einer geringfügig mangelhaften Kaufsache nur dann einen Vertrauensschutz schaffen kann, wenn ihm ein Zurückweisungsrecht zusteht. Will man ein solches hingegen bei Unerheblichkeit des Mangels mittels § 323 Abs. 5 S. 2 BGB verneinen, schafft der Käufer mangels Entscheidungsfreiheit durch die Abnahme der mangelhaften Kaufsache keinen Vertrauensschutz. Aus dem Aspekt des Vertrauensschutzes wird erst dann ein Schuh, wenn man dem Käufer vor der Abnahme der Kaufsache ein uneingeschränktes Zurückweisungsrecht einräumt, ihm also Entscheidungsfreiheit zuspricht. Auf diesem Wege rechtfertigt sich umgekehrt erst die Einschränkung des Rücktrittsrechts nach Abnahme der Kaufsache gemäß § 323 Abs. 5 S. 2 BGB. Die Einschränkung ist Ausdruck des vorherigen Verzichts auf die Zurückweisung der Kaufsache.[115] § 323 Abs. 5 S. 2 BGB ist damit letztlich Ausdruck von § 242 BGB, des Verbots widersprüchlichen Verhaltens. Im Ergebnis rechtfertig der Aspekt des Vertrauensschutzes die Einschränkung des Rücktrittsrechts *nach* Abnahme der mangelhaften Kaufsache gemäß § 323 Abs. 5 S. 2 BGB, bedingt hingegen das uneingeschränkte Zurückweisungsrecht *vor* Abnahme.

8. Die erhöhte Eingriffsintensität des Rücktritts nach Gefahrübergang

Die Intensität des Rücktritts nach Gefahrübergang springt gleich zweifach ins Auge. Aus der systematischen Perspektive übertrifft die Intensität des Rücktritts bei mangelhaft erbrachter Leistung noch diejenige bei erbrachter Teilleistung. Denn nunmehr geht es um die Rückabwicklung der vollständigen Vertragsleistung, nicht um diejenige einer bislang nur erbrachten Teilleistung.

Entscheidender für die Frage des Anwendungsbereichs von § 323 Abs. 5 S. 2 BGB ist aber der Vergleich des Rücktritts nach Gefahrübergang mit demjenigen zuvor. Gleicht der Rücktritt vor Gefahrübergang eher einer Kündigung, also einer schlichten Beendigung des Vertragsverhältnisses, so entfaltet der Rücktritt im ei-

---

[115] Hat der Käufer keine Kenntnis von dem Mangel und war dieser für ihn auch nicht erkennbar, so ist zu bedenken, ob der Ausschluss des Rücktrittsrechts gemäß § 323 Abs. 5 S. 2 BGB nicht in dieser Konstellation mangels Vertrauensschutztatbestandes teleologisch zu reduzieren ist. Dies gilt jedenfalls dann, wenn der Verkäufer den Mangel arglistig verschwiegen hat. Der Verkäufer handelt dann im Sinne von § 242 BGB rechtsmissbräuchlich, sofern er sich auf § 323 Abs. 5 S. 2 BGB berufen will. Er verdient kein Vertrauen in den Bestand des Vertrages, ebenso BGH NJW 2006, 1960 (1961).

gentlichen Sinne seine Wirkungen erst nach Gefahrübergang, indem er eine Rückabwicklung auslöst. Nur in dieser Konstellation werden die vom Gesetzgeber für den Rücktritt konzipierten Vorschriften der §§ 346 bis 348 BGB relevant. Es erfolgt quasi eine Abwicklung des Kaufvertrages mit umgekehrtem Vorzeichen. Die Regelungsintensität der §§ 346 bis 348 BGB zu Fragen des Ausgleichs der wechselseitigen Nutzungen, der Unmöglichkeit der Rückabwicklung, des Wertersatzes und seines Ausschlusses sowie des Ausgleichs von Verwendungen unterstreicht die Eingriffsintensität des Rücktritts in dieser Konstellation. Dies rechtfertigt den Ausschluss des Rücktritts bei unerheblichen Mängeln, gebietet gleichzeitig aber auch eine Unterscheidung zur Konstellation des Rücktritts vor Gefahrübergang. Hier ist die Interessenlage eine andere, vergleichbar mit der bloßen Kündigung des Vertragsverhältnisses für die Zukunft. Sinn und Zweck von § 323 Abs. 5 S. 2 BGB entfalten sich folglich erst nach Gefahrübergang.

9. Rückschlüsse aus den Vorschriften zum Verkäuferregress

Die Überlegungen finden ihre Bestätigung in den Vorschriften der §§ 445a, 445b BGB zum Verkäuferregress. Die Vorschriften erleichtern dem Verkäufer bei Mängeln der Kaufsache den Rückgriff gegen seinen Lieferanten bis hin zum Hersteller. Voraussetzung ist aber, dass der Letztverkauf bereits vollzogen, also der Gefahrübergang erfolgt ist. Erst dann kann der Käufer die in § 445a BGB benannten Mängelrechte geltend machen und es erfolgt eine Gleichschaltung der Mängelrechte des Verkäufers gegen seinen Lieferanten mit den Mängelrechten, denen der Verkäufer im Verhältnis zum Käufer ausgesetzt ist. Für die Konstellation vor Gefahrübergang hat der Gesetzgeber hingegen keinen Regelungsbedarf gesehen, erachtet die Folgen für den Verkäufer folglich als weniger einschneidend.

10. Drohender Leerlauf von § 433 Abs. 1 S. 2 BGB

Maßgeblicher Bezugspunkt für die Verpflichtung des Verkäufers zur Übereignung der Kaufsache frei von Mängeln ist § 433 Abs. 1 S. 2 BGB. Ein Verstoß gegen diese Bestimmung bliebe im Falle eines unerheblichen Mangels in dem Zeitfenster vor Gefahrübergang sanktionslos, wenn man dem Käufer den Rücktritt gemäß § 323 Abs. 5 S. 2 BGB versagen würde. Der Käufer könnte zwar von seinem antizipierten Minderungsrecht Gebrauch machen, wäre aber gezwungen, dem Verkäufer die mangelhafte Kaufsache abzunehmen. Das erscheint weder als sinnvoll noch als interessengerecht, liegt doch die Ursache für die Leistungsstörung allein in der Sphäre des Verkäufers.

11. Frage der richtlinienkonformen Gesetzesauslegung

Ist der Käufer Verbraucher, so stellt sich die Frage nach der richtlinienkonformen Gesetzesauslegung. Gemäß Art. 10 Abs. 1 der Warenkaufrichtlinie haftet der Verkäufer für jede Vertragswidrigkeit, die zum Zeitpunkt der Lieferung der Ware besteht. Bei einer geringfügigen Vertragswidrigkeit hat der Verbraucher hingegen keinen Anspruch auf Vertragsauflösung, Art. 13 Abs. 5 der Warenkaufrichtlinie. Die Regelungen knüpfen an den Zeitpunkt der Lieferung an. Berücksichtigt man im Weiteren, dass die Warenkaufrichtlinie vollharmonisierend ist, so spricht dies gegen eine weitergehende Reglementierung des Rücktritts vor der Warenlieferung. Gegen eine solche Beschränkung zulasten des Verbrauchers lässt sich auch der verbraucherschützende Charakter der Richtlinie anführen. Umgekehrt bleibt allerdings zu berücksichtigen, dass Art. 3 Abs. 6 der Warenkaufrichtlinie den Mitgliedstaaten die Regelungen zur Wirksamkeit des Vertrages belässt, soweit diese Aspekte nicht in der Richtlinie geregelt sind. Darunter ließe sich auch der Rücktritt vor Lieferung der Ware subsumieren, da die Richtlinie für diesen Zeitraum keine eigenständigen Regelungen vorsieht. Zu beachten bliebe dann jedoch, dass Art. 18 der Verbraucherrechterichtlinie das Leistungsstörungsrecht für den Fall der Nichtleistung normiert und hierfür (ebenfalls) keine Einschränkungen vorsieht.

Im Rahmen der richtlinienkonformen Auslegung ist auch in Rechnung zu stellen, dass der Nacherfüllungsanspruch des Käufers in jüngerer Zeit eine enorme Aufwertung erfahren hat. Der Kostenerstattungsanspruch aus § 439 Abs. 2 BGB, der nicht auf den Käufer als Verbraucher beschränkt ist, bezieht gemäß § 439 Abs. 3 BGB auch die Aufwendungen für die Entfernung einer in eine andere Sache eingebauten oder an einer anderen Sache angebrachten mangelhaften Kaufsache und den Einbau oder die Anbringung der nachgebesserten oder gelieferten mangelfreien Kaufsache ein. Zu dieser Aufwertung würde es nicht recht passen, wenn man die Mängelrechte des Käufers vor Gefahrübergang just in der Konstellation beschränken möchte, in der dem Käufer schon ein Nacherfüllungsanspruch nicht zusteht. Dies fügt sich nicht in das Bild einer effektiven Gewähr der Verbraucherschutzrechte.

12. Rechtssicherheit des Zurückweisungsrechts für den Käufer

Rechtstatsächlich bleibt zu berücksichtigen, dass die Frage der Erheblichkeit des Mangels für die Vertragsparteien ex ante nicht rechtssicher zu beantworten ist. Dies hängt maßgeblich auch damit zusammen, dass es sich nicht um eine reine Rechtsfrage handelt, sondern tatsächliche Fragen der technischen Gewichtung des Mangels hineinspielen, die nur ein Fachmann beantworten kann. Eine verbindliche Antwort auf die Frage der Erheblichkeit bleibt daher im Streitfall einer gerichtlichen und sachverständigen Klärung vorbehalten.

Ähnliche Probleme ergeben sich bei der Frage, ob die mangelfreie Leistung tatsächlich ausgeschlossen ist. Die Vertragsparteien werden typischerweise Schwierigkeiten haben zu entscheiden, ob ein Mangel der Kaufsache technisch zu

beheben ist. Darüber hinaus fehlt dem Käufer jeglicher Einblick in die Geschäfts-
sphäre des Verkäufers. Er kann also ohne Angaben des Verkäufers auch nicht beurteilen, ob diesem eine Ersatzlieferung möglich ist. Dies kann zudem wiederum von
der rechtlichen Frage abhängen, inwieweit der Verkäufer Regressansprüche gegen
seinen Lieferanten oder den Hersteller hat. Letztendlich wird also auch der Verkäufer
keine sichere Einschätzung vornehmen können.

Will man vor diesem Hintergrund bei der Frage nach der Berechtigung des
Käufers zur Zurückweisung der fehlerhaften Kaufsache danach differenzieren, ob
eine mangelfreie Leistung möglich ist und im negativen Fall das Rücktrittsrecht von
der Erheblichkeit des Mangels abhängig machen, ergeben sich für beide Vertragsparteien vielfältige Unsicherheiten in rechtlicher und tatsächlicher Hinsicht. Diese
Rechtsunsicherheiten bleiben den Vertragsparteien erspart, wenn dem Käufer bei
Ausschluss der mangelfreien Leistung ein uneingeschränktes Rücktrittsrecht zusteht. Der Käufer ist dann in jedem Falle berechtigt, eine mangelhafte Kaufsache
zurückzuweisen, sei es aufgrund eines Zurückweisungsrechts, sei es aufgrund eines
Rücktrittsrechts.

Im praktischen Ergebnis geht es also bei der Diskussion um § 323 Abs. 5
S. 2 BGB um die Effektivität des Zurückweisungsrechts. Will man die Regelung
bereits vor Gefahrübergang anwenden, weist man dem Käufer das Risiko zu, die
Kaufsache trotz ihrer Mangelhaftigkeit zu Unrecht zurückzuweisen. Der Käufer wird
damit faktisch über den Anwendungsbereich von § 323 Abs. 5 S. 2 BGB hinaus
gezwungen, eine mangelhafte Kaufsache anzunehmen, will er nicht das Risiko
eingehen, in Schuldner- und Annahmeverzug zu geraten und die Kaufsache später
immer noch abnehmen zu müssen. Ein solches Lösungsmodell erscheint also auch
unter praktischen Gesichtspunkten und dem Aspekt der Rechtssicherheit wenig
überzeugend.

13. Rückschluss für den antizipierten Anspruch
auf Schadensersatz

Der Ausschlusstatbestand für das Rücktrittsrecht gemäß § 323 Abs. 5 BGB findet
sich in gleicher Weise beim Anspruch des Gläubigers auf Schadensersatz statt der
Leistung wieder. Hier sind es § 281 Abs. 1 S. 2 und S. 3 BGB, die den Schadensersatz statt der ganzen Leistung reglementieren. Ebenso wie §§ 437 Nr. 2, 326
Abs. 5 BGB bei Unmöglichkeit der Nacherfüllung auf § 323 BGB verweisen, erfolgt
die Verweisung beim Schadensersatz mittels §§ 437 Nr. 3, 283 S. 2 BGB auf
§ 281 BGB. Im Ergebnis der vorliegenden Untersuchung gelten die Einschränkungen aus § 281 Abs. 1 S. 2, 3 BGB jedoch gleichermaßen nicht für den antizipierten
Schadensersatzanspruch, solange der Käufer also die Kaufsache nicht angenommen
hat. Die Überlegungen zum antizipierten Rücktritt, insbesondere zu dessen ver-
minderter Eingriffsintensität vor Gefahrübergang, gelten in gleicher Weise für den

antizipierten Anspruch auf Schadensersatz statt der Leistung im Vorfeld des Gefahrübergangs.

XVIII. Ergebnis zur „Unmöglichkeit" der mangelfreien Leistung

Dem Käufer steht auch dann ein Zurückweisungsrecht zu, wenn die mangelfreie Leistung nicht möglich ist. Rechtliche Grundlage ist das mittels § 323 Abs. 4 BGB antizipierte Rücktrittsrecht aus §§ 437 Nr. 2, 326 Abs. 5, 323 Abs. 1, 2. Fall BGB. Dieses Rücktrittsrecht unterliegt nicht den Einschränkungen aus § 323 Abs. 5 BGB. Entsprechendes gilt für den analog § 323 Abs. 4 BGB antizipierten Anspruch auf Schadensersatz statt der Leistung aus §§ 437 Nr. 3, 280 Abs. 1, Abs. 3, 283 BGB, was die Einschränkungen aus § 281 Abs. 1 S. 2 und S. 3 BGB anbelangt.

§ 15 Spezialität des Gewährleistungsrechts bereits ab Vertragsschluss

Das Gewährleistungsrecht verdrängt nach Gefahrübergang im Wege der Spezialität konkurrierende Rechtsinstitute.[116] Dazu zählen insbesondere die Anfechtung wegen eines Irrtums über eine verkehrswesentliche Eigenschaft, § 119 Abs. 2, 2. Fall BGB, und die culpa in contrahendo wegen Verletzung von Aufklärungspflichten in Bezug auf die Kaufsache, § 311 Abs. 2 BGB. Die Spezialität gilt in gleicher Weise schon vor Gefahrübergang.[117] Dies veranschaulicht die Möglichkeit des Käufers zur Antizipation der Mängelrechte mittels § 323 Abs. 4 BGB. Die vorrangigen Regelungen des Gewährleistungsrechts entfalten auf diesem Wege schon vor Gefahrübergang ihre Wirkung. Der Käufer trägt zudem das Prognoserisiko und die entsprechende Darlegungs- und Beweislast schon vor der Abnahme. Er ist vor Gefahrübergang auch nicht zur Einwirkung auf den Verkäufer berechtigt. Diesen Vorgaben kann sich der Käufer nicht mittels konkurrierender Rechtsinstitute entziehen. Deshalb stellt auch § 442 Abs. 1 S. 1 BGB in Bezug auf die Kenntnis des Käufers von der Mangelhaftigkeit als Ausschlusstatbestand für die Mängelrechte auf den Zeitpunkt des Vertragsschlusses ab. Das Gewährleistungsrecht gelangt prinzipiell also bereits ab diesem Zeitpunkt zur Anwendung.

Die Spezialität des Gewährleistungsrechts ab Vertragsschluss unterbindet Zufallsergebnisse in Abhängigkeit von dem Zeitpunkt des Gefahrübergangs. Eine

---

[116] *Weidenkaff*, in: Grüneberg, § 437, Rn. 48 ff., sowie *Beckmann*, in: Staudinger, § 437, Rn. 16.

[117] Anders im Sinne der h.M. BGH NJW 1961, 772 (774); 1995, 1737 (1738), wonach § 119 Abs. 2, 2. Fall BGB selbst dann zur Anwendung gelangt, wenn die Mängelrechte im Ausnahmefall schon vor Gefahrübergang zur Anwendung gelangen, da diese den Käufer schützen und nicht benachteiligen sollen.

Anfechtung gemäß § 119 Abs. 2, 2. Fall BGB bleibt anfänglich ausgeschlossen. Kommt es hingegen schon nicht zum Vertragsschluss, gewinnt die culpa in contrahendo ihre eigentliche Bedeutung. Es ergibt sich eine prinzipientreue Lösung.

Der Blick auf § 323 Abs. 4 BGB erspart einen Rückgriff auf § 242 BGB als ultima ratio, um einen Rücktritt schon vor Gefahrübergang begründen zu können.[118] Die Grenze zwischen Nichtleistung und Gewährleistung kann im Einzelfall also durchbrochen sein und zwar klar legitimiert durch § 323 Abs. 4 BGB. Anderweitige Durchbrechungen oder Verschiebungen sind abzulehnen. Bei arglistiger Täuschung bleibt dem Käufer die Möglichkeit der Anfechtung gemäß § 123 BGB unbenommen. Denn hier geht es nicht um das Äquivalenzinteresse, sondern um den Schutz der Willensentschließungsfreiheit.

---

[118] So hingegen BGH NJW 1961, 772 (774); 1995, 1737 (1738).

Das Phantom der Mängeleinrede –
Die Verteidigungsrechte des Käufers gegenüber
dem Kaufpreisanspruch nach Annahme
einer mangelhaften Kaufsache

§ 16 Problemstellung

In der Rechtsdogmatik zum kaufrechtlichen Gewährleistungsrecht hat sich in
jüngerer Zeit das im ersten Teil der Untersuchung behandelte Zurückweisungsrecht
des Käufers bei Angebot einer mangelhaften Kaufsache und zuletzt die vom BGH
wiederbelebte Mängeleinrede etabliert. Die Mängeleinrede ist daher Gegenstand des
zweiten Teils der vorliegenden Untersuchung. Es geht um die Frage, wie sich der
Käufer nach Annahme einer mangelhaften Kaufsache gegenüber dem Kaufpreisanspruch des Verkäufers verteidigen kann. Hier stehen ihm die in § 437 BGB auf-
geführten Mängelansprüche und Mängelrechte zur Verfügung. Das daraus resul-
tierende Wahlrecht wird gemäß § 326 Abs. 1 S. 2 BGB geschützt, indem bei Unmöglichkeit der Nacherfüllung der Kaufpreis nicht automatisch gemäß § 326 Abs. 1
S. 1 BGB gemindert wird, sondern der Käufer erst sein Wahlrecht ausüben kann und
muss. Zum weitergehenden Schutz des Käufers hat der BGH nunmehr auf die
Mängeleinrede zurückgegriffen. Gestützt auf § 320 BGB soll sie den Käufer bereits
vor Ausübung seines Wahlrechts berechtigten, die Entrichtung des Kaufpreises zu
verweigern. Der Frage nach der Existenzberechtigung einer derartigen allgemeinen
Mängeleinrede ist im Folgenden nachzugehen.

§ 17 Ausgangskonstellation

Der BGH hat die Mängeleinrede anhand des folgenden vereinfachten Sachver-
halts[119] bemüht:

V und F sind Miteigentümer eines Hausgrundstücks. V verkauft seinen Miteigentumsanteil
an K. Nach Auflassung und Eintragung im Grundbuch verlangt V von K vergeblich die
Zahlung des Kaufpreises. Nach ergebnisloser Frist erklärt V daher den Rücktritt und verlangt die Rückübereignung. K verwahrt sich gegen den Rücktritt mit der nicht näher sub-

---

[119] BGH NJW 2020, 2104 (2104 ff.).

stantiierten Behauptung, die Bausubstanz des Hauses sei mangelhaft. V erhebt daraufhin Klage auf Rückabwicklung. Im Prozess benennt K konkrete, schwerwiegende Mängel, die der Sachverständige bestätigt. Zur Beseitigung der Mängel bedarf es der Zustimmung und Kostenbeteiligung von F, die jedoch ihre Mitwirkung an dem Verkauf des Miteigentumsanteils schon vor Vollzug des Kaufvertrages abgelehnt hat.

Der BGH hat die Klage abgewiesen. Schon das Bestehen, nicht erst die Erhebung der auf § 320 BGB gestützten Mängeleinrede soll die Durchsetzbarkeit der Kaufpreisforderung und damit einen Rücktritt des Verkäufers vom Kaufvertrag ausschließen. Die bloße Berechtigung des Käufers, wegen der Mangelhaftigkeit der Kaufsache gemäß § 326 Abs. 5 BGB vom Kaufvertrag zurückzutreten, begründe bereits die Einrede aus § 320 BGB. Dies erstaunt insbesondere deshalb, weil der Verkäufer erst nach Klageerhebung durch die Rüge des Käufers von den Mängeln am Kaufobjekt Kenntnis erlangt hat und diese auch erst im Prozess konkretisiert worden sind. Zudem ist die Mangelbeseitigung – eine Nachlieferung scheidet beim Hausgrundstück von vornherein aus – aufgrund der Weigerung von F zur notwendigen Mitwirkung unmöglich, § 275 Abs. 1 BGB.[120] Für ein Leistungsverweigerungsrecht gemäß § 320 BGB mangelt es dem Käufer daher an einem Nacherfüllungsanspruch aus § 439 Abs. 1 BGB. Der BGH greift daher auf eine Mängeleinrede des Käufers zurück, die dem Kaufpreisanspruch die Fälligkeit nehme, womit der Rücktritt des Verkäufers vom Kaufvertrag unwirksam sei. Es stellt sich also die Frage nach der Daseinsberechtigung einer solchen Mängeleinrede.[121]

---

[120] BGH NJW 2020, 2104 (2111, Rn. 62), nimmt ein Unvermögen bereits an, wenn eine notwendige Mitwirkung erst im Prozesswege herbeigeführt werden kann.

[121] Weitgehende Einigkeit über die Anwendbarkeit von § 320 BGB besteht, soweit dem Käufer ein Nacherfüllungsanspruch aus § 439 Abs. 1 BGB zusteht. Der Streit über die Existenz und rechtliche Grundlage einer allgemeinen Mängeleinrede konzentriert sich auf die Fälle, in denen der Käufer keinen Nacherfüllungsanspruch hat. Der BGH stützt die Mängeleinrede auch bei Unmöglichkeit der Nacherfüllung auf § 320 BGB, um Lücken bei der Geltendmachung von Mängelrechten des Käufers aus § 437 BGB zu vermeiden, BGH NJW 2020, 2104 (2106 ff., Rn. 22, 41 ff., 57, 79). Unterstützt wird dies von *Gsell*, in: Soergel, § 320, Rn. 59 ff., und *Beckmann*, in: Staudinger, § 437, Rn. 22, die aus § 439 Abs. 1 BGB auch vor Ausübung des Wahlrechts ein Zurückbehaltungsrecht gemäß § 320 BGB ableiten will; ebenso *Höpfner*, in: BeckOGK (Stand: 01.09.2022), § 437, Rn. 12, der im Anwendungsbereich der Warenkaufrichtlinie eine unionsrechtliche Notwendigkeit zur Anwendung von § 320 BGB nach Gefahrübergang auch hinsichtlich von Sekundärrechten sieht; dagegen *Grunewald*, in: Festschrift für Westermann, S. 245 (248, 251 ff.), und *Grunewald*, in: Erman, Vor § 437, Rn. 7, die eine Anwendung von § 320 BGB bei Unmöglichkeit grundsätzlich ablehnt und stattdessen eine ungeschriebene Mängeleinrede befürwortet. *Huber*, in: Huber/Faust, Schuldrechtsmodernisierungsgesetz, Kap. 13, Rn. 153, wendet außerhalb der Unmöglichkeit grundsätzlich § 320 BGB an und konstruiert bei Unmöglichkeit eine Mängeleinrede; ebenso mittels § 242 BGB *Hofmann/Pammler*, ZGS 2004, 293 (296), und *Beckmann*, in: Staudinger, Vor § 433, Rn. 30, die eine Mängeleinrede in Fällen ohne Nacherfüllungsanspruch auf § 242 BGB stützen. *Rüfner*, in: BeckOGK (Stand: 01.10.2022), § 320, Rn. 49–51, differenziert und plädiert für eine allgemeine Mängeleinrede bis zur Entscheidung des Verkäufers über Rücktritt oder Minderung analog § 438 Abs. 4 BGB. Zurückhaltend, aber eine ungeschriebene Mängeleinrede zumindest in Unmöglichkeitsfällen mit Einschränkung bejahend äußert sich *Looschelders*, NJW 2020, 2074 (2077); *Looschelders*, in: BeckOGK (Stand: 01.11.2022),

§ 18 Das Fehlen einer gesetzlichen Grundlage für die Mängeleinrede

Die Mängeleinrede findet im Gesetz keine Stütze. § 320 BGB verlangt – in der Parallele zur Aufrechnung gleichartiger Ansprüche – einen fälligen und durchsetzbaren Gegenanspruch des Schuldners, um dem Hauptanspruch des Gläubigers die isolierte Durchsetzbarkeit zu nehmen.[122] Allein die Berechtigung zum Rücktritt liefert dem Käufer jedoch keinen Gegenanspruch und bringt den Hauptanspruch auch nicht anderweitig zu Fall.[123] Lediglich im Fall der Verjährung des Nacherfüllungsanspruchs begründet die bloße Berechtigung zum Rücktritt vom Kaufvertrag oder zur Minderung des Kaufpreises gemäß § 438 Abs. 4 und Abs. 5 BGB eine Einrede gegenüber dem Kaufpreisanspruch.[124] Im Umkehrschluss genügt dies vor Eintritt der Verjährung nicht. Würde bereits § 320 BGB – ungeachtet seiner Voraussetzungen – eine allgemeine Mängeleinrede begründen, bedürfte es nicht der Sondervorschriften der §§ 438 Abs. 4 und Abs. 5 BGB. Darüber hinaus gewährleistet § 215 BGB bereits den Vertrauensschutz in eine einmal begründete Aufrechnungs- oder Zurückbehaltungslage, indem diese von einer späteren Verjährung entkoppelt wird.[125] Die Frage nach der Existenzberechtigung einer allgemeinen Mängeleinrede stellt sich also nur dann, wenn der Käufer gemessen an den Voraussetzungen von § 320 BGB nicht angemessen geschützt ist. Dies ist gemäß § 437 BGB differenziert nach den verschiedenen Mängelansprüchen und Mängelrechten zu untersuchen. Demgegenüber hat sich der Begriff der Mängeleinrede verselbstständigt. Eine Rückführung auf das allgemeine und besondere Schuldrecht tut not. Dieses Schicksal teilt die Mängeleinrede mit dem Zurückweisungsrecht.

---

§ 323, Rn. 99; differenzierend *Westermann*, in: Münchener Kommentar, § 437, Rn. 22, der die Mängeleinrede nur bei behebbarem Mangel zulässt; gegen eine allgemeine Mängeleinrede in den Unmöglichkeitsfällen votiert *Faust*, in: BeckOK (Stand: 01.08.2022), § 437, Rn. 176 f., der keine Notwendigkeit sieht, wenn § 433 Abs. 1 S. 2 BGB oder Schadensersatzansprüche als Gegenansprüche im Zuge von § 320 BGB herangezogen werden können, und als einzigen Anwendungsfall der Mängeleinrede die gesetzlich geregelten § 438 Abs. 4 S. 2 und Abs. 5 BGB sieht; ebenso kritisch wohl auch *Lorenz/Riehm*, Lehrbuch zum neuen Schuldrecht, Rn. 501, die insbesondere eine Mängeleinrede aus § 242 BGB ablehnen und sich auf den Schwebezustand beziehen, in dem der Käufer den Verkäufer hinsichtlich der Wahl seiner Rechte belassen könne.

[122] Differenziert zur Durchsetzbarkeit je nach Art der Einrede *Rüfner*, in: BeckOGK (Stand: 01.10.2022), § 320, Rn. 16 f.

[123] So auch *Looschelders*, NJW 2020, 2074 (2077, Rn. 20).

[124] Ebenso *Faust*, in: BeckOK (Stand: 01.08.2022), § 437, Rn. 177.

[125] Auch spezielle Zurückbehaltungsrechte wie § 320 BGB sind von § 215 BGB erfasst. Zum Streit über die etwaig nur deklaratorische Bedeutung von § 215 BGB in diesen Fällen s. *Bach*, in: BeckOGK (Stand: 01.08.2022), § 215, Rn. 17 f.

§ 19 Abgrenzung vom Zurückweisungsrecht vor Abnahme der Kaufsache

Die Mängeleinrede ist vom Zurückweisungsrecht abzugrenzen, das sich als begriffliche Negation des Annahmeverzugs erweist.[126] Bietet der Verkäufer dem Käufer eine mangelhafte Kaufsache an, so kann der Käufer ihre Entgegennahme verweigern, ohne rechtliche Nachteile in Form des Schuldner- oder Annahmeverzugs befürchten zu müssen. Den Käufer trifft gemäß § 433 Abs. 2, 2. Fall BGB keine Pflicht zur Abnahme. Diese bezieht sich gemäß § 433 Abs. 1 S. 2 BGB allein auf die mangelfreie Kaufsache. Der Käufer gelangt durch die Zurückweisung der Kaufsache also nicht in Schuldnerverzug. Er gerät nicht einmal in Annahmeverzug, da der Verkäufer die Kaufsache nicht wie geschuldet im Sinne von § 294 BGB anbietet. Ist die Nacherfüllung unmöglich, ist der Käufer zwar gemäß § 433 Abs. 1 S. 1 BGB zur Abnahme der Kaufsache verpflichtet; ihm steht jedoch gemäß § 323 Abs. 4 BGB schon vor der Abnahme ein antizipiertes Rücktrittsrecht aus §§ 437 Nr. 2, 326 Abs. 5 BGB zu. So oder so kann der Käufer also die Abnahme einer mangelhaften Kaufsache berechtigt verweigern.

Betrifft das Zurückweisungsrecht den Schutz des Käufers *vor* Abnahme einer mangelhaften Kaufsache, so schließt sich *nach* Abnahme die Mängeleinrede an. Vorrangig ist dem Käufer, der von einer mangelhaften Kaufsache betroffen ist, also die Zurückweisung der Kaufsache anzuraten. Die Frage nach einer Mängeleinrede stellt sich erst dann, wenn der Käufer die Kaufsache in Unkenntnis des Mangels oder seines Zurückweisungsrechts abgenommen hat. Bezugspunkt für eine Mängeleinrede ist in der weiteren Folge nicht der Anspruch des Käufers auf die Abnahme der Kaufsache, sondern der Anspruch auf Zahlung des Kaufpreises.

§ 20 Mängeleinrede versus Ausdifferenzierung von Mängelrechten und Mängelansprüchen

Will man die Mängeleinrede definieren, so kennzeichnet sie die Konstellation, dass der Käufer dem Anspruch des Verkäufers auf Zahlung des Kaufpreises unter Verweis auf Mängel am bereits abgenommenen Kaufgegenstand entgegentritt. Rechtstechnisch verlangt dies eine Einwendung oder eine Einrede. Der Mangel als solcher begründet weder das eine noch das andere. Demzufolge ist schon der Begriff der Mängeleinrede mit Vorsicht zu genießen. Er ist zu weit gefasst, da er nicht hinsichtlich der Mängelrechte differenziert; er ist zu eng gefasst, da er die Mängeleinwendung unberücksichtigt lässt.

---

[126] S. o. Erster Teil, § 8 III. und § 9 V.

Ist die Abnahme der Kaufsache bereits erfolgt, ist Bezugspunkt der Mängeleinrede nicht die Leistungsmodalität des § 433 Abs. 1 S. 2 BGB,[127] sondern der Katalog der Mängelrechte aus § 437 BGB. Die Vorschrift gewährt keine allgemeine Mängeleinrede, sondern – wie sich bereits aus der amtlichen Gesetzesüberschrift ergibt – Mängelrechte, wozu insbesondere die Mängelansprüche des Käufers zählen. Mängelansprüche und Mängelrechte eint, dass erst ihre Geltendmachung Einfluss auf den Kaufpreisanspruch hat. Der Unterschied liegt darin begründet, dass die Ausübung eines Mängelrechts in Form des Rücktritts oder der Minderung unmittelbar rechtsgestaltende Wirkung auf den Kaufpreisanspruch hat, also zu einer Einwendung führt, wohingegen die Ausübung von Mängelansprüchen mittels § 320 BGB zu einer Einrede führt.[128] Es gibt also keine pauschale Zuordnung im Sinne einer allgemeinen Mängeleinrede, sondern es muss nach den Mängelrechten aus § 437 BGB differenziert werden. Dabei soll zunächst davon ausgegangen werden, dass eine Nacherfüllung möglich ist.

Bei dem Kanon der Mängelrechte aus § 437 BGB handelt es sich um ein abgestuftes System. Vorrang hat der Anspruch des Käufers auf Nacherfüllung aus §§ 437 Nr. 1, 439 Abs. 1 BGB. Das Bindeglied zu den nachrangigen Mängelgestaltungsrechten und Mängelansprüchen aus § 437 Nr. 2 BGB und § 437 Nr. 3 BGB bildet die vom Käufer zu setzende Frist zur Nacherfüllung. Mit ihrem Ablauf tritt als Bindeglied eine Ersetzungsbefugnis des Käufers in Erscheinung.[129] Der Nacherfüllungsanspruch ist also vorrangig vom Verkäufer zu erfüllen, bis der Käufer von der Ersetzungsbefugnis Gebrauch macht und sein Wahlrecht im Hinblick auf die Mängelgestaltungsrechte und Mängelansprüche aus § 437 Nr. 2 und Nr. 3 BGB ausübt.

§ 21 Mängeleinrede aus dem Nacherfüllungsanspruch

Der Käufer hat im Zuge der Nacherfüllung gemäß § 439 Abs. 1 BGB das Wahlrecht zwischen dem Anspruch auf Mangelbeseitigung oder Nachlieferung.

I. Einrede aus § 320 BGB erst nach Ausübung des Wahlrechts

Der Nacherfüllungsanspruch aus § 439 Abs. 1 BGB vermag als Mängeleinrede lediglich ein Zurückbehaltungsrecht auszulösen.[130] Als Anknüpfungspunkt kommt

---

[127] S. o. § 5 V.

[128] Zu der sich anschließenden Möglichkeit der Aufrechnung und des Untergangs gemäß § 281 Abs. 4 BGB s. unter § 24 II.

[129] *Stamm*, JZ 2015, 920 (922, 924 f.).

[130] Anders *Grunewald*, in: Festschrift für Westermann, S. 245 (248, 251 ff.), die ähnlich dem BGH auf eine allgemeine Mängeleinrede zurückgreift und diese von den Mängelrechten aus § 437 BGB abgrenzt; § 433 Abs. 1 S. 2 BGB sei von § 439 BGB zu unterscheiden.

daher nur § 320 BGB in Betracht.[131] Die entscheidende Frage ist, ob der Käufer den Anspruch aus § 439 Abs. 1 BGB unmittelbar dem Kaufpreisanspruch entgegenhalten kann oder nicht erst sein Wahlrecht ausüben und damit das Anspruchsziel konkretisieren muss.[132]

1. Erfüllbarkeit des Gegenanspruchs als ungeschriebenes Tatbestandsmerkmal

§ 320 BGB setzt – parallel zur Aufrechnung – einen fälligen und durchsetzbaren Gegenanspruch voraus. In diesem Sinne wird § 439 Abs. 1 BGB als ein verhaltener Anspruch aufgefasst, der erst nach Ausübung des Wahlrechts vom Schuldner erfüllt werden darf.[133] Fraglich ist, welche Auswirkung dies auf die Fälligkeit hat. Diese soll beim verhaltenen Anspruch aus Gründen der Verjährung, die erst ab Fälligkeit zu laufen beginnt, sofort, also unabhängig von der Geltendmachung durch den Gläubiger eintreten.[134] Dies soll hingegen nicht bedeuten, dass der Schuldner bereits leisten müsse oder dürfe. Wird das Merkmal der Fälligkeit damit ad absurdum geführt, so spielt die Verjährung jedenfalls vorliegend keine Rolle, da das Zurückbehaltungsrecht aus § 320 BGB, um das es vorliegend geht, gemäß § 215 BGB ohnehin verjährungsfest ist. Entscheidend ist daher der gesetzgeberische Sinn von § 320 BGB. Der Schuldner soll den Gläubiger mit der Einrede aus § 320 BGB zur Erfüllung von dessen Verpflichtung veranlassen können.[135] Ist dem Verkäufer jedoch die Erfüllung des Nacherfüllungsanspruchs mangels vorheriger Ausübung des Wahlrechts durch den Käufer nicht möglich, verfehlt die Einrede aus § 320 BGB ihren Zweck. Der Gegenanspruch des Schuldners muss also im Zuge von § 320 BGB nicht nur fällig, sondern auch erfüllbar sein. Es handelt sich um ein ungeschriebenes

---

[131] BGH NJW-RR 2022, 808 (810, Rn. 17 ff.), bejaht daran anschließend im Hinblick auf die Druckfunktion von § 320 Abs. 1 S. 1 BGB ein uneingeschränktes Zurückbehaltungsrecht gegenüber dem vollen Kaufpreisanspruch auch dann, wenn es sich nur um einen geringfügigen Mangel handelt. Dies entspricht der Regelung in § 320 Abs. 2 BGB, die eine Grenze erst bei einem Verstoß gegen Treu und Glauben zieht.

[132] Als Problem erkennt dies auch *Looschelders*, in: NJW 2020, 2074 (2074, Rn. 3). *Rüfner*, in: BeckOGK (Stand: 01.10.2022), § 320, Rn. 49, schließt § 320 BGB vor der Wahl aus und konstruiert stattdessen eine Mängeleinrede analog § 438 Abs. 4 BGB, deren Wirkung er gegenüber § 320 BGB differenziert betrachtet, indem sie nicht zu einer Verurteilung Zug um Zug führt, sondern mangels Konkretisierung der vom Verkäufer zu erbringenden Gegenleistung zur Klageabweisung. Es ist jedoch nicht einsichtig, dem Verkäufer die mangelnde Ausübung des Wahlrechts seitens des Käufers anzulasten, s. dazu sogleich unter 1 und 2.

[133] *Faust*, in: BeckOK (Stand: 01.08.2022), § 439, Rn. 29; *Westermann*, in: Münchener Kommentar, § 439, Rn. 8; *Schroeter*, NJW 2006, 1761 (1763), und *Lorenz*, in: BeckOK (Stand: 01.08.2022), § 271, Rn. 2.

[134] *Lorenz*, in: BeckOK (Stand: 01.08.2022), § 271, Rn. 2, und *Krüger*, in: Münchener Kommentar, § 271, Rn. 4.

[135] Zur sogenannten Druckfunktion BGH NJW 1992, 556 (558); *Gsell*, in: Soergel, § 320, Rn. 4; *Rüfner*, in: BeckOGK (Stand: 01.10.2022), § 320, Rn. 2, 16; *Stürner*, in: Prütting/ Wegen/Weinreich, § 320, Rn. 1, und *Ulber*, in: Erman, § 320, Rn. 2.

Tatbestandsmerkmal, das § 320 BGB im Wege der teleologischen Reduktion hinzuzufügen ist. Für die Mängeleinrede aus § 439 Abs. 1 BGB bedeutet dies, dass der Käufer erst sein Wahlrecht aus § 439 Abs. 1 BGB ausüben muss, bevor er die Einrede aus § 320 BGB geltend machen kann.[136]

2. Unzumutbarer Schwebezustand für den Verkäufer

Das Erfordernis der vorherigen Ausübung des Wahlrechts im Zuge der Mängeleinrede rechtfertigt sich nicht nur rechtsdogmatisch, sondern es ist auch interessengerecht. Der Verkäufer wäre anderenfalls mangels Erfüllbarkeit des Nacherfüllungsanspruchs einem unzumutbaren Schwebezustand ausgesetzt. Zwar kann der Verkäufer diesen Schwebezustand beseitigen, wenn man ihm gemäß § 264 Abs. 2 BGB das Recht zugesteht, mittels einer Frist an den Käufer das Wahlrecht auf sich überzuleiten.[137] Dies ändert jedoch nichts an dem Umstand, dass der Verkäufer in der Zwischenzeit keine Möglichkeit zur Nacherfüllung hat. Zur Geltendmachung seines Kaufpreisanspruchs hilft ihm auch nicht das Ablösungsrecht aus § 273 Abs. 3 BGB. Der Verkäufer kann den Nacherfüllungsanspruch des Käufers nicht durch eine Sicherheitsleistung abwenden. Denn das Ablösungsrecht ist für die Hauptleistungspflicht, der die sekundäre Verpflichtung des Verkäufers zur Nacherfüllung zuzurechnen ist, gemäß § 320 Abs. 1 S. 3 BGB ausgeschlossen. Der Schuldner soll sich auf diesem Weg nicht seiner Hauptleistungspflicht entziehen können; der Gläubiger soll umgekehrt mittels seines Zurückbehaltungsrechts aus § 320 BGB den Schuldner zur vertragsgerechten Leistung zwingen können. Von einem redlichen Gläubiger ist also zu erwarten, dass er seinerseits alle notwendigen Schritte unternimmt, um dem Schuldner dessen Leistung zu ermöglichen. Dazu zählt es, dass der Käufer den durch § 439 Abs. 1 BGB ausgelösten Schwebezustand schnellstmöglich durch Ausübung seines Wahlrechts beendet. Der Käufer verhält sich hingegen widersprüchlich im Sinne von § 242 BGB, wenn er einerseits mithilfe von § 320 BGB den Verkäufer zur Nacherfüllung anhalten möchte, die Erfüllbarkeit

---

[136] Entgegen *Gsell*, in: Soergel, § 320, Rn. 59 ff., genügt es nicht, dass ein Anspruch auf Nacherfüllung so oder so besteht, da erst die Ausübung des Wahlrechts den Gegenanspruch erfüllbar macht und damit zur Druckfunktion von § 320 BGB führt.

[137] *Stamm*, JZ 2015, 920 (921 f.; 925); ebenso unter Verweis auf § 264 BGB: *Tettinger*, in: NomosKommentar, § 320, Rn. 9; *Grüneberg*, in: Grüneberg, § 281, Rn. 51, und *Emmerich*, in: Münchener Kommentar, § 320, Rn. 4; für eine Frist durch den Verkäufer bei Anerkenntnis des Mangels ohne Bezug zu § 264 BGB offen: *Lorenz/Riehm*, Lehrbuch zum neuen Schuldrecht, Rn. 501, und *Westermann*, in: Münchener Kommentar, § 437, Rn. 22; ablehnend *Faust*, in: BeckOK (Stand: 01.08.2022), § 437, Rn. 176, unter Berufung auf § 466 BGB a. F., der einen Ausschluss des Rechts der Wandelung nach ergebnisloser Frist vorsah; ebenso im Ergebnis ablehnend: *Schroeter*, NJW 2006, 1761 (1763 f.), unter Verweis auf fehlende Voraussetzungen und EU-Recht; anders und ohne Bezug zu § 264 BGB: *Ulber*, in: Erman, § 320, Rn. 17, der die rechtsmissbräuchliche Verzögerung als Grenze zieht und differenzierend auf Fälle hinweist, in denen der Käufer einen Sachgrund für eine längerwährende Wahlentscheidung hat.

dieses Anspruchs jedoch andererseits durch das Hinausschieben seiner Entscheidung vereitelt.[138]

3. Bedenkzeit für den Käufer nur um den Preis des Schuldnerverzugs

Das Gesetz sieht für den Käufer zu Recht keine dilatorische Überlegungsfrist vor. Beansprucht der Käufer also zur Ausübung seines Wahlrechts eine Bedenkzeit, ist er verpflichtet, den Kaufpreis vorab ohne Einrede aus § 320 BGB zu begleichen.[139] Anderenfalls gerät er durch die unberechtigte Verweigerung in Zahlungsverzug, ohne aber sogleich sein Wahlrecht zu verlieren. Einen Rücktritt des Verkäufers und damit einen Verlust seines Wahlrechts muss er erst nach umgekehrter Fristsetzung des Verkäufers gemäß § 323 Abs. 1 BGB befürchten. Entsprechendes gilt für eine Überleitung des Wahlrechts gemäß § 264 Abs. 2 BGB. Eine kurzzeitige Zahlungs-verweigerung mit der Bitte um Bedenkzeit zur Ausübung seines Wahlrechts, auf die der Verkäufer nicht eingeht, macht dessen Mahnung unter Abwägung der beider-seitigen Interessen gemäß § 286 Abs. 2 Nr. 4 BGB entbehrlich, sofern der Verkäufer diese nicht ohnehin schon im Vorfeld ausgesprochen hat. Die kurzzeitige Zah-lungsverweigerung zwecks Bedenkzeit beinhaltet hingegen noch keine ernsthafte und endgültige Leistungsverweigerung, die das Erfordernis der Fristsetzung seitens des Verkäufers gemäß § 323 Abs. 2 Nr. 1 BGB entbehrlich machen und ihn zum Rücktritt vom Kaufvertrag berechtigten würde.

4. Auswirkungen einer späteren Ausübung des Wahlrechts

Verweigert der Käufer zunächst die Zahlung des Kaufpreises und übt er sein Wahlrecht erst nach einer entsprechenden Bedenkzeit aus, kommt es nachträglich zur Einrede aus § 320 BGB. Der Kaufpreisanspruch verliert seine Fälligkeit. Zwi-schenzeitliche Folgen des Schuldnerverzugs bleiben hingegen bestehen. Es tritt mangels anderweitiger gesetzlicher Vorschrift keine rückwirkende Heilung ein. Zwar lässt sich eine Parallele der Zurückbehaltungslage zur Aufrechnungslage und der Rückwirkung der Aufrechnungserklärung gemäß § 389 BGB herstellen, jedoch tritt auch die Aufrechnungslage erst mit einer fälligen und durchsetzbaren Gegen-forderung ein. Es gelten hier dieselben Voraussetzungen wie für § 320 BGB.[140] Die Gegenforderung muss als ungeschriebenes Tatbestandsmerkmal erfüllbar sein. Mangels Rückwirkung der Ausübung des Wahlrechts bleibt der Käufer also zur Zahlung zwischenzeitlicher Verzugszinsen verpflichtet, was aber nur ein ange-messenes „Entgelt" für seine Bedenkzeit darstellt. Nicht anders könnte eine gütliche

---

[138] Ebenso *Lorenz/Riehm*, Lehrbuch zum neuen Schuldrecht, Rn. 501.

[139] Für eine angemessene Überlegungsfrist plädieren hingegen *Looschelders*, NJW 2020, 2074 (2077); *Beckmann*, in: Staudinger, Vor § 433, Rn. 30; *Gsell*, in: Soergel, § 320, Rn. 61, sowie *Rüfner*, in: BeckOGK (Stand: 01.10.2022), § 320, Rn. 49 ff.

[140] S. o. § 21 I. 1.

Regelung der Parteien aussehen, wenn der Käufer den Verkäufer um Bedenkzeit bittet oder die Vertragsparteien für diesen Fall bereits im Vorfeld eine vertragliche Ausgleichsregelung getroffen haben. Eine abweichende Klausel im vertraglichen Regelwerk des Käufers, die für die Bedenkzeit keinen Ausgleich vorsähe, wäre gemäß § 307 Abs. 1 BGB unangemessen.

5. Verbleibender insolvenzrechtlicher Schutz des Käufers bei vorzeitiger Entrichtung des Kaufpreises

Der Käufer bleibt selbst dann geschützt, wenn er mangels Bedenkzeit den Kaufpreis vorzeitig entrichtet. Denn er wird dies gemäß § 320 BGB ohnehin nur dann tun, wenn ihm der Verkäufer die Kaufsache pflichtgemäß bereits übereignet hat oder ihm das Eigentum Zug um Zug überträgt. Das Insolvenzrisiko des Käufers beschränkt sich also auf die Mängelansprüche und Mängelgestaltungsrechte. Es reduziert sich zusätzlich, wenn der Käufer noch vor Eröffnung des Insolvenzverfahrens wirksam vom Kaufvertrag zurückgetreten ist. Da nämlich § 348 BGB auf § 320 BGB verweist, kommen die Vorschriften zum Wahlrecht des Insolvenzverwalters (auch) für das vertragliche Rückgewährschuldverhältnis zur Anwendung.[141] Das Zurückbehaltungsrecht aus § 320 BGB erweist sich gemäß § 103 InsO als insolvenzfest. Verlangt der Insolvenzverwalter also die Rückübereignung der Kaufsache, wird der Anspruch des Käufers auf Rückzahlung des Kaufpreises gemäß § 55 Abs. 1 Nr. 2, 1. Fall InsO zur privilegierten Masseforderung.

Der Käufer bleibt schließlich geschützt, wenn er durch rechtzeitige Fristsetzung zur Mangelbeseitigung noch vor Eröffnung des Insolvenzverfahrens ein Rücktrittsrecht begründet hat.[142] Ein solches gesetzliches Lösungsrecht unterfällt nicht dem Unwirksamkeitsverdikt gemäß § 119 InsO.[143] Dieses gilt zumal nur zum Schutz des Wahlrechts des Insolvenzverwalters, gelangt also nur zur Anwendung, wenn (auch) der Käufer noch nicht vollständig geleistet hat. Der Käufer bleibt daher zum

---

[141] Ebenso zumindest für eine analoge Anwendung von § 103 InsO auf Rückgewährschuldverhältnisse plädieren *Huber*, in: Münchener Kommentar zur InsO, § 103, Rn. 86 mit weiteren Nachweisen; *Balthasar*, in: Nerlich/Römermann, § 103, Rn. 15; *Wegener*, in: Uhlenbruck, § 103, Rn. 95; *Berberich*, in: BeckOK-Insolvenzrecht (Stand: 15.07.2022), § 103, Rn. 36 mit weiteren Nachweisen; tendenziell zuneigend, aber offen BGH NZI 2002, 380 (382), insbesondere mit Quellen zum alten § 17 KO, und BGH NZI 2009, 235 (236); differenziert zur Anwendung von § 103 InsO auf das vertragliche Rückgewährschuldverhältnis und Sonderkonstellationen: *Marotzke*, in: Kayser/Thole, § 103, Rn. 33 f.; *Häsemayer*, Insolvenzrecht, Rn. 20.26. Weitergehend zur Insolvenzfestigkeit des einfachen Zurückbehaltungsrechts entgegen der allgemeinen Meinung *Stamm*, KTS 2021, 467 (469 ff.; insbes. 475 ff.).

[142] Dasselbe gilt, wenn dem Käufer infolge Unmöglichkeit der Nacherfüllung bei Eröffnung des Insolvenzverfahrens bereits gemäß §§ 437 Nr. 2, 326 Abs. 5 BGB ein Rücktrittsrecht ohne Fristsetzung zusteht. Zur Unmöglichkeit s. näher unter § 23.

[143] So im Sinne der herrschenden Meinung BGH NZI 2013, 178 (179, Rn. 13); LAG München NZI 2019, 708 (710, Rn. 20); *Berberich*, in: BeckOK-Insolvenzrecht (Stand: 15.07. 2022), § 119, Rn. 5; *Ringstmeier*, in: K. Schmidt, Insolvenzordnung, § 119, Rn. 5; teilweise einschränkend *Mossler*, ZIP 2002, 1831 (1835).

Rücktritt berechtigt. Allerdings rückt der durch einen Rücktritt begründete Anspruch auf Rückzahlung des Kaufpreises nicht in den Rang einer Masseforderung. § 55 Abs. 1 Nr. 3 InsO ordnet dies lediglich für eine nach Eröffnung des Insolvenzverfahrens eingetretene Bereicherung an. Dafür genügt nicht allein der nachträgliche Entfall des Rechtsgrundes.[144] § 55 Abs. 1 Nr. 3 InsO lässt sich daher jedenfalls insoweit nicht analog für einen vertraglichen Rückgewähranspruch bemühen. Da der Käufer zudem bei Erklärung des Rücktritts seinerseits zur Rückgewähr der Kaufsache verpflichtet ist, nutzt ihm auch eine Erhöhung seiner Insolvenzforderung in dem Fall nichts, dass der Nacherfüllungsanspruch niedriger ausfällt als der Kaufpreis. Dabei bliebe zudem unberücksichtigt, dass es sich bei dem erst nach der Eröffnung des Insolvenzverfahrens durch den Rücktritt entstandenen Rückzahlungsanspruch gemäß § 38 InsO nicht mehr um eine Insolvenzforderung handelt. Anspruchsgegner wäre also nicht der Insolvenzverwalter, sondern der Insolvenzschuldner, der Verkäufer, mit seinem freien Vermögen. Hier ist die Befriedigungsaussicht noch geringer als im Zuge einer Insolvenzforderung. Denn § 35 Abs. 1, 2. Fall InsO weist in Dissonanz zu § 38 InsO jeglichen Vermögenserwerb nach Eröffnung des Insolvenzverfahrens nicht dem freien Vermögen, sondern der Insolvenzmasse zu. Während der Anspruch auf Rückübereignung der Kaufsache also der Insolvenzmasse zugutekommt, haftet für die Rückzahlung des Kaufpreises nicht die Insolvenzmasse, sondern lediglich der Insolvenzschuldner mit seinem freien Vermögen, das er aufgrund von § 35 Abs. 1, 2. Fall kaum zu bilden imstande ist.

Nach Eröffnung des Insolvenzverfahrens vermag der Käufer seinen Nacherfüllungsanspruch nur noch zur Insolvenztabelle anzumelden. Das bedeutet zugleich, dass der Käufer gemäß §§ 281 Abs. 1 S. 1, 323 Abs. 1 BGB keine Nachfrist mehr setzen kann.

II. Geltendmachung der Mängeleinrede

Hinsichtlich der Geltendmachung der Mängeleinrede ist zwischen der Erhebung der Einrede aus § 320 BGB und der Ausübung des Wahlrechts gemäß § 439 BGB zu differenzieren.

1. Zur Rügeobliegenheit bei § 320 BGB

Die Einrede aus § 320 BGB bedarf im Zivilprozess wie jede andere Einrede der Rüge und des entsprechenden Sachvortrags, damit das Gericht sie berücksichtigen kann. Im Gegensatz dazu muss sie im materiellen Recht nicht geltend gemacht

---

[144] BGH NZI 2009, 475 (476).

werden, um ihre rechtshemmende Wirkung zu entfalten.[145] Entscheidungsträger ist hier nicht das Gericht, sondern der Gläubiger. Hat dieser seine Gegenleistung noch nicht erbracht, so ist ihm dies bekannt, weshalb vom Schuldner nicht eigens eine Rüge zu erwarten ist. Nach dem BGH soll dies auch für die auf § 320 BGB gestützte Mängelrüge gelten. Schon der bloße Bestand der Mängeleinrede, nicht erst ihre Erhebung, löse die Einrede aus § 320 BGB aus. Der Käufer verhalte sich erst dann widersprüchlich im Sinne von § 242 BGB, wenn er auf eine Frist des Verkäufers zur Begründung der Zahlungsverweigerung nicht reagiere.[146]

a) Parallele zur Rügeobliegenheit bei unangemessener Fristsetzung

Das Gesetz spricht eine andere Sprache als der BGH. § 323 Abs. 1 BGB verlangt vom Gläubiger für den Rücktritt lediglich eine ergebnislose Fristsetzung. Die Vorschrift sieht keine darüberhinausgehende Erklärung oder Aufforderung an den Schuldner vor, seine Leistungsverweigerung zu begründen. Der Gesetzgeber hat sich bewusst von dem vor der Schuldrechtsreform geltenden Erfordernis einer Ablehnungsandrohung des Gläubigers distanziert.[147] Es genügt die Fristsetzung, um von einem redlichen Schuldner entweder die Erbringung der Leistung oder eine Begründung für ihre Verweigerung erwarten zu können. Dies spiegelt sich in der Rechtsprechung zur Heilung einer unangemessenen Frist wider. Es ist der Schuldner, der am besten zu beurteilen vermag, innerhalb welcher Frist er die geschuldete Leistung erbringen kann. Vom redlichen Schuldner ist daher zu erwarten, dass er die Unangemessenheit rügt, um dem Gläubiger Gelegenheit zur Fristverlängerung zu geben. Dies erklärt zugleich, dass unabhängig von einer weiteren Erklärung des Gläubigers eine Heilung in der Weise eintritt, dass an die Stelle einer unangemessenen Frist eine angemessene Frist tritt.[148] Zu dieser Rechtsprechung und zu der gesetzlichen Regelung des § 323 Abs. 1 BGB setzt sich der BGH in Widerspruch, indem er den Schuldner bei der Mängeleinrede von einer Rügeobliegenheit befreit und dem Gläubiger über das Erfordernis der Fristsetzung hinaus eine Obliegenheit zur Einholung einer Begründung für die Leistungsverweigerung des Schuldners auferlegt.

---

[145] Schuldnerverzug und Aufrechenbarkeit der einredebehafteten Forderung, § 390 BGB, sind ausgeschlossen, *H. Schmidt*, in: BeckOK (Stand: 01.08.2022), § 320, Rn. 25; *Emmerich*, in: Münchener Kommentar, § 320, Rn. 55 f., sowie *Grüneberg*, in: Grüneberg, § 320, Rn. 12. Für eine weitergehende Wirkung hält *Schwarze*, in: Staudinger, 2020, § 320, Rn. 41, hingegen die Erhebung der Einrede für erforderlich. Diese Differenzierung leuchtet jedoch nicht ein, da entscheidend allein die Erkennbarkeit der Einrede für den Gläubiger ist.

[146] BGH NJW 2020, 2104 (2111, Rn. 60).

[147] BT-Drs. 14/6040, S. 184.

[148] BGH NJW 1985, 2640 (2641 unter II 1 a), bestätigt durch BGH NJW 2009, 3153 (3154, Rn. 11); 2016, 3654 (3655, Rn. 31).

b) Rügeobliegenheit in Abhängigkeit vom Kenntnisstand der Parteien

Dem Verkäufer ist eine Nichtleistung bekannt. Bei der Schlechtleistung muss dies aber nicht notwendigerweise der Fall sein. Bei der Mängeleinrede aus § 320 BGB ist daher zur Frage nach einer Rügeobliegenheit in Abhängigkeit vom Kenntnisstand der Parteien zu differenzieren. Kennt der Gläubiger den Mangel, ist eine Rüge des Schuldners nicht zu erwarten. Im Gegenteil ist der Käufer auch bei eigener Unkenntnis des Mangels geschützt, gerät also nicht in Schuldnerverzug mit der Kaufpreisforderung, obwohl er sich subjektiv durch seine Zahlungsverweigerung vertragswidrig verhält. Entscheidend ist hier das rechtsmissbräuchliche Verhalten des Verkäufers, der sich durch die isolierte Geltendmachung seines Kaufpreisanspruchs der Einrede des Käufers aus § 320 BGB und damit seiner Verpflichtung zur Nacherfüllung zu entziehen sucht.

Hat allein der Käufer Kenntnis von dem Mangel, weil der Mangel beispielsweise erst nachträglich in Erscheinung getreten ist, muss er den Mangel rügen, um sich auf die Einrede aus § 320 BGB berufen zu können.[149] Das Zurückbehaltungsrecht aus § 320 BGB dient dazu, auf den Schuldner Druck auszuüben, damit dieser seine im Gegenseitigkeitsverhältnis stehende Hauptleistungspflicht erfüllt.[150] Im Mietrecht versagt der BGH daher dem Mieter ein Zurückbehaltungsrecht für einen Zeitraum, in dem er dem Vermieter den Mangel nicht angezeigt hat und der Mangel dem Vermieter auch sonst nicht bekannt ist, von vornherein nach Treu und Glauben.[151] Im Kaufrecht verhält es sich aber nicht anders. Nur bei Rüge des Käufers wird dessen Anspruch aus § 439 Abs. 1 BGB für den Verkäufer ersichtlich und damit erfüllbar. Die Einmaligkeit des Leistungsaustauschs hat keinen Einfluss auf das Zurückbehaltungsrecht,[152] das gemäß seiner systematischen Stellung im allgemeinen Schuldrecht für beide Vertragstypen einheitlich zur Anwendung gelangt.[153] Der für das Grundstücksrecht und damit für den Ausgangsfall zuständige V. Zivilsenat des BGH hätte daher aufgrund seiner vom VIII. Zivilsenat des BGH – dieser ist für das Wohnraummietrecht und Kaufrecht (!) zuständig – abweichenden Bewertung gemäß § 132 Abs. 2 GVG eine Entscheidung des Großen Senats für Zivilsachen herbeiführen müssen.[154]

---

[149] Ebenso *Looschelders*, NJW 2020, 2074 (2076 f.).

[150] S. o. Fn. 46.

[151] BGH NJW-RR 2011, 447 (448, Rn. 12).

[152] Anders aber ohne nähere Begründung BGH NJW 2020, 2104 (2011, Rn. 60).

[153] Für die Anwendung auf alle Typen gegenseitiger Verträge plädieren *Emmerich*, in: Münchener Kommentar, § 320, Rn. 2, und *Rüfner*, in: BeckOGK (Stand: 01. 10. 2022), § 320, Rn. 5, jedoch beide sensibilisiert hinsichtlich der Probleme, die sich bei einzelnen Vertragstypen hinsichtlich der unmittelbaren Anwendung, der Voraussetzungen und der Konkurrenzen zu § 320 BGB ergeben können.

[154] Zur Besonderheit der Unmöglichkeit der Nacherfüllung im Ausgangsfall s. gesondert unter § 23 II.

Verweigert der Käufer also bei Unkenntnis des Verkäufers von der Mangelhaftigkeit der Kaufsache die Kaufpreiszahlung, ohne den Mangel zu rügen, verhält er sich widersprüchlich. Erklärt sich der Käufer folglich – wie im Ausgangsfall – erst zum Mangel, nachdem der Verkäufer nach ergebnisloser Fristsetzung bereits vom Kaufvertrag zurückgetreten ist, kommt der Käufer zu spät. Der Rüge kommt genauso wenig eine Rückwirkung zu[155] wie der Ausübung des Wahlrechts[156].

Haben zunächst beide Vertragsparteien keine Kenntnis von einem bestehenden Mangel, so geht auch dies nach Abnahme der Kaufsache zulasten des Käufers. Ihn trifft ausweislich von § 363 BGB die Obliegenheit, etwaige Mängel festzustellen und zu rügen.[157] Kommt er dieser Obliegenheit nicht nach, trägt er das Risiko, bei Verweigerung der Kaufpreiszahlung in Schuldnerverzug zu geraten.

In den genannten Konstellationen handelt es sich jeweils um eine Rügeobliegenheit, nicht um eine vertragliche Nebenleistungspflicht, § 241 Abs. 2 BGB, die der Käufer verletzt. Ein Schadensersatzanspruch des Verkäufers aus §§ 280 Abs. 1, 241 Abs. 2 BGB besteht daher nicht.

Die differenzierte Sicht zur Geltendmachung der Einrede aus § 320 BGB wird für den Nacherfüllungsanspruch aus § 439 Abs. 1 BGB häufig nicht relevant. Denn die Ausübung des Wahlrechts beinhaltet in der Regel zumindest konkludent die Rüge der Mangelhaftigkeit der Kaufsache. Der Käufer wird den Verkäufer bei Geltendmachung seines Mangelanspruchs oder Mangelgestaltungsrechts zumindest auf die Symptome des Mangels hinweisen, was selbst im späteren Prozess genügt.[158] Zur Ausübung des Wahlrechts kommt es aber dann nicht, wenn eine Variante der Nacherfüllung unmöglich ist.[159] In diesem Fall verbleibt es bei dem Erfordernis der Mängelrüge im Hinblick auf die mögliche Variante der Nacherfüllung.[160]

2. Ausübung des Wahlrechts mittels empfangsbedürftiger Willenserklärung

Die Ausübung des Wahlrechts aus § 439 Abs. 1 BGB zwischen Mangelbeseitigung und Nachlieferung erfolgt im Wege einer empfangsbedürftigen Willenser-

---

[155] Anders BGH NJW 2020, 2104 (2110, Rn. 56), unter Berufung auf die unverändert geltende Rechtsprechung aus der Zeit vor der Schuldrechtsreform.

[156] S. o. § 21 I. 4.

[157] Undifferenziert BGH NJW 2020, 2104 (2110, Rn. 53), der vom Zurückweisungsrecht vor Abnahme der Kaufsache auf die Mängeleinrede nach Abnahme schließen möchte. Gegen eine Rügeobliegenheit des Käufers in dieser Konstellation *Looschelders*, NJW 2020, 2074 (2076).

[158] BGH NJW-RR 2016, 1423 (1424 f.).

[159] Zur Unmöglichkeit s. gesondert unter § 23 II.

[160] Relevant wird die Rüge auch im Werkvertragsrecht, da hier dem Unternehmer das Wahlrecht zusteht, s. näher unter § 26 I.

klärung.[161] Ihr Zugang beim Verkäufer führt gemäß § 130 Abs. 1 BGB zur materiellrechtlichen Bindungswirkung und damit zur Verwerfung einer elektiven Konkurrenz.[162] Vor allem veranschaulicht das Zugangserfordernis aber, dass der Käufer sich gegenüber dem Verkäufer erklären muss. Erst der Zugang der Erklärung löst die Wirkung eines Zurückbehaltungsrechts in Bezug auf den Kaufpreisanspruch des Verkäufers aus. Will der Käufer daher im Ausgangsfall einen berechtigten Rücktritt des Verkäufers unterbinden, muss er im Verlauf der vom Verkäufer gesetzten Frist ihm gegenüber sein Wahlrecht ausüben.

III. Prozessuale Einbettung des Wahlrechts und der Mängeleinrede

Im Zivilprozess ist eine alternative Klagehäufung nur bei einem Wahlrecht des Beklagten zulässig.[163] Steht das Wahlrecht dem Kläger zu, muss er es vor Klageerhebung ausüben, sodass es nicht mehr zur alternativen Klagehäufung kommt.[164] Er kann nur den ausgewählten Anspruch einklagen. Das Prozessrecht – zumal das sich anschließende Vollstreckungsrecht – verträgt keine Rechtsunsicherheiten, es sei denn, sie liegen in der Sphäre des Beklagten begründet. Spiegelbildlich gilt dieses Prinzip für eine im Prozess erhobene Einrede. Hier hat der Beklagte es in der Hand, im Vorfeld mittels der Ausübung seines Wahlrechts den im Zuge von § 320 BGB geltend gemachten Gegenanspruch zu konkretisieren. Prozessrecht und materielles Recht stehen also in Übereinstimmung. Es bewahrheitet sich zugleich der prozessuale Grundsatz der Waffengleichheit. Geht es um die wechselseitige Verfolgung von Ansprüchen, darf die oftmals zufällige Parteirolle keinen Ausschlag für die Bewertung der materiellen Rechtslage geben. In diesem Sinne macht es keinen Unterschied, ob zunächst der Verkäufer seinen Kaufpreisanspruch einklagt, gegen den sich der Käufer einredeweise mit seinem Nacherfüllungsanspruch zur Wehr setzt, oder umgekehrt der Käufer seinen Nacherfüllungsanspruch einklagt, gegen den sich der Verkäufer mit seinem Kaufpreisanspruch zur Wehr setzt. So oder so muss der Käufer zur erfolgreichen Rechtsverfolgung zunächst sein Wahlrecht aus § 439 Abs. 1 BGB ausüben. Dass der Verkäufer dieses Wahlrecht mittels einer Fristsetzung gemäß § 264 Abs. 2 BGB an sich ziehen kann, ändert nichts an diesen prozessualen Überlegungen. Es bleibt allein Angelegenheit des Käufers, im Zuge der Rechtsverteidigung ebenso wie im Zuge der Rechtsverfolgung sein Wahlrecht auszuüben.

---

[161] OLG Saarbrücken NJW 2009, 369 (370); *Höpfner*, in: BeckOGK (Stand: 01.09.2022), § 439, Rn. 22; *Westermann*, in: Münchener Kommentar, § 439, Rn. 6, sowie *Weidenkaff*, in: Grüneberg, § 439, Rn. 6.

[162] Ausführlich dazu *Stamm*, JZ 2015, 920 (920, 922).

[163] BAG NJW 2013, 2540 (2540, Rn. 14); *Becker-Eberhard*, in: Münchener Kommentar zur ZPO, § 260, Rn. 23, und *Foerste*, in: Musielak/Voit, § 260, Rn. 3, 7.

[164] So wohl auch *Becker-Eberhard*, in: Münchener Kommentar zur ZPO, § 260, Rn. 23.

Diese materiellrechtliche Initiativlast vermag das Prozessrecht als rein dienendes Recht nicht zu verlagern.

Fraglich ist, wie es sich verhält, wenn der Verkäufer nicht seinen Zahlungsanspruch verfolgt, sondern seiner Verpflichtung zur Nacherfüllung nachkommen will, sich hieran aber mangels Ausübung des Wahlrechts seitens des Käufers gehindert sieht. In Betracht käme eine negative Feststellungsklage wegen eines vom Käufer geltend gemachten, bislang aber nicht konkretisierten und demzufolge nicht erfüllbaren Nacherfüllungsanspruchs. Hier mangelt es dem Verkäufer hingegen am Rechtsschutzinteresse, da er das Hindernis in Form der mangelnden Erfüllbarkeit des Nacherfüllungsanspruchs mit eigenen Mitteln beseitigen kann, indem er mittels § 264 Abs. 2 BGB das Wahlrecht auf sich überleitet. Dies begründet an dieser Stelle keine Umkehr der materiellrechtlichen Initiativlast, da die Ausübung des Wahlrechts hier nicht der Rechtsverteidigung oder Rechtsverfolgung des Käufers dient, sondern dem originären Zweck von § 264 Abs. 2 BGB entspricht, den Schwebezustand zum Schutz des leistungswilligen Verkäufers zu beseitigen. Um seiner Verpflichtung nachkommen zu können, bedarf es – anders als bei der Geltendmachung seines Kaufpreisanspruchs – nicht erst einer Klage. Folglich gibt es auch keinen Anspruch des Verkäufers gegen den Käufer auf Ausübung seines Wahlrechts, sondern lediglich eine diesbezügliche Obliegenheit des Käufers.

Wendet der Verkäufer sich nicht gegen die mangelnde Ausübung des Wahlrechts, sondern hält er den Nacherfüllungsanspruch bereits dem Grunde nach für unbegründet, ist die negative Feststellungsklage zulässig. Es ist materiellrechtlich zu berücksichtigen, dass dem Verkäufer ein widersprüchliches Verhalten aufgezwungen würde, müsste er den Käufer zur Ausübung eines Wahlrechts veranlassen oder dieses auf sich überleiten bezogen auf einen Anspruch, den er selbst bereits dem Grunde nach bestreitet. Hier spielt das Wahlrecht des Käufers keine Rolle mehr, weshalb eine unmittelbare negative Feststellungsklage schlicht dem Grundsatz der Prozessökonomie entspricht.

§ 22 Mängeleinwendungen aus § 437 Nr. 2 und Nr. 3 BGB

Das Wahlrecht des Käufers erweitert sich, wenn er dem Verkäufer ergebnislos eine Frist zur Nacherfüllung gesetzt hat.

I. Ausübung des Wahlrechts aus § 439 Abs. 1 BGB vor oder bei Fristsetzung

Im Zuge von § 437 Nr. 2 und Nr. 3 BGB springt ins Auge, dass eine wirksame Fristsetzung gemäß §§ 281 Abs. 1 S. 1, 323 Abs. 1 BGB die vorherige oder gleichzeitige Ausübung des Wahlrechts aus § 439 Abs. 1 BGB voraussetzt.[165] Spiegelbildlich gilt dies für den gemäß § 320 BGB einredeweise geltend gemachten Nacherfüllungsanspruch und die sich anschließenden Mängelgestaltungsrechte und Mängelansprüche aus § 437 Nr. 2 und Nr. 3 BGB. Die Gesetzessystematik spricht ebenso für ein einheitliches Verständnis der §§ 320, 323 BGB wie der Umstand, dass das Rollenverhältnis von Gläubiger und Schuldner im Synallagma zufälliger Natur sein kann, je nachdem, ob zuerst der Verkäufer die Kaufpreiszahlung oder der Käufer die Nacherfüllung verlangt.

II. Ausübung der Ersetzungsbefugnis durch empfangsbedürftige Willenserklärung

Ist die Frist des Käufers ergebnislos abgelaufen, steht ihm eine Ersetzungsbefugnis zu, anstelle des Nacherfüllungsanspruchs zu den „schärferen" Mängelgestaltungsrechten und Mängelansprüchen aus § 437 Nr. 2 und Nr. 3 BGB überzugehen. Die Ausübung dieser Ersetzungsbefugnis erfolgt ebenso wie das Wahlrecht mittels einer empfangsbedürftigen Willenserklärung.[166] Sie bindet daher den Käufer. Ohne Zustimmung des Verkäufers kann er den Nacherfüllungsanspruch nicht mehr geltend machen und hieraus keine Mängeleinrede mehr herleiten.[167]

Der Käufer bleibt dadurch nicht ungeschützt. Denn die Ausübung der Ersetzungsbefugnis hat anderweitig Einfluss auf den Kaufpreisanspruch. Mit ihr einher geht die Ausübung des ausgewählten Mängelgestaltungsrechts oder Mängelanspruchs, sodass der Kaufpreisanspruch im Falle des Rücktritts und/oder der Geltendmachung des großen Schadensersatzanspruchs gemäß § 281 Abs. 4 BGB untergeht; bei der Minderung reduziert er sich anteilig um den Mangelunwert. Es handelt sich also bei § 437 Nr. 2 und Nr. 3 BGB nicht um eine Mängeleinrede, sondern um eine Mängeleinwendung. Macht der Käufer Aufwendungsersatz geltend, entspricht dies ausweislich von § 284 BGB hinsichtlich der Voraussetzungen und Rechtsfolgen der Geltendmachung des Schadensersatzes. Beim kleinen Schadensersatzanspruch besteht ein Zurückbehaltungsrecht aus § 320 BGB. Dieses besteht auch bei gleichartigen Ansprüchen.[168] Es liegt dann allein bei den Vertragsparteien, ob die Aufrechnung erklärt wird. Dies wird in der Regel geschehen, da die

---

[165] Ebenso *Ernst*, in: Münchener Kommentar, § 323, Rn. 261; *H. Schmidt*, in: BeckOK (Stand: 01.08.2022), § 323, Rn. 15, und *Looschelders*, in: BeckOGK (Stand: 01.11.2022), § 323, Rn. 153.

[166] *Stamm*, JZ 2015, 920 (924).

[167] *Stamm*, JZ 2015, 920 (925).

[168] Ebenso *Grüneberg*, in: Grüneberg, § 273, Rn. 14, und *Bittner*, in: Staudinger, § 273, Rn. 104–107; ablehnend hingegen BGH NJW 2017, 2102 (2103), ohne Begründung; vermittelnd *Krüger*, in: Münchener Kommentar, § 273, Rn. 75, der das Zurückbehaltungsrecht (nur) bei einem schützenswerten Interesse des Schuldners zulässt und es im Übrigen durch die Spezialität der Aufrechnung verdrängt sieht.

Aufrechnung zumindest für eine Vertragspartei vorteilhaft sein wird, indem sie sich beispielsweise eine höhere Verzinsung erspart. Es kommt dann zur Mängeleinwendung in Form eines Erfüllungssurrogats. Besteht hingegen ein Aufrechnungsverbot, verbleibt es bei der Mängeleinrede aus § 320 BGB.

III. Bedenkzeit für den Käufer nur um den Preis des Schuldnerverzugs

Ebenso wie beim Nacherfüllungsanspruch nicht der Mangel als solcher, sondern erst die Ausübung des Wahlrechts die Mängeleinrede auszulösen vermag, verhält es sich bei den Mängeleinwendungen. Auch hier gilt, dass nicht das Rücktrittsrecht oder Minderungsrecht, sondern erst die Ausübung des Gestaltungsrechts Rechtswirkungen auslöst und damit Einfluss auf den Kaufpreisanspruch hat. Soweit das Gesetz an anderer Stelle Befristungen von Gestaltungsrechten vorsieht, dienen selbst diese nicht dem Schutz des zur Erklärung Berechtigten im Sinne einer Bedenkzeit, sondern dem Schutz des Gegners vor einem allzu langen Schwebezustand.[169] Ausgenommen sind die Aufrechnung und in ihrer Parallele das Zurückbehaltungsrecht. Die fehlende Befristung der Aufrechnung hängt mit ihrer Wechselbezüglichkeit zusammen. Da – vorbehaltlich eines Aufrechnungsverbots – beide Parteien die Aufrechnung erklären können, bedarf es keines Schutzes vor dem zwischenzeitlichen Schwebezustand. Die Rückwirkung beflügelt die Parteien im Gegenteil darin, den Schwebezustand für längere Zeit zum wechselseitigen Vorteil der Liquidität hinzunehmen. Voraussetzung bleibt aber die Aufrechnungslage und in der Parallele die Zurückbehaltungslage, die im Zuge von § 439 Abs. 1 BGB erst mit Ausübung des Wahlrechts eintritt.[170] Letzten Endes bleibt auf diese Weise der Käufer privilegiert, da der Gesetzgeber für die Ausübung des Wahlrechts aus § 439 Abs. 1 BGB keine Ausschlussfrist vorgesehen hat. Dies ist sachgerecht, sofern man dem Verkäufer das Recht gewährt, das Wahlrecht gemäß § 264 Abs. 2 BGB an sich zu ziehen.[171]

Gilt für die Mängelansprüche und Mängelgestaltungsrechte schließlich (nur) eine zeitliche Begrenzung in Form der Verjährung, so dient auch diese Form der Bedenkzeit nur dem Schutz des Verkäufers. Die laufende Verjährungsfrist ändert – abgesehen von § 438 Abs. 4 und Abs. 5 BGB[172] – nichts an dem Umstand, dass erst die Ausübung der Mängelrechte Rechtswirkungen gegenüber dem Verkäufer entfaltet.

---

[169] Die Befristung von Gestaltungsrechten dient der Herstellung von Rechtssicherheit, so *Martens*, in: BeckOGK (Stand: 01.10.2022), § 314, Rn. 74, für die Kündigungsfrist des § 314 Abs. 3 BGB; ebenso *Mörsdorf*, in: BeckOGK (Stand: 01.06.2022), § 355, Rn. 68, für die Widerrufsfrist des § 355 BGB, und *Armbrüster*, in: Münchener Kommentar, § 121, Rn. 1, für die Anfechtungsfrist.

[170] S. schon oben § 21 I. 4. zur Frage der Rückwirkung.

[171] S. dazu schon oben § 21 I. 2. und Fn. 137 zum Streitstand.

[172] S. dazu unter § 24.

Die Überlegungen zu einer Bedenkzeit bei Auswahl der Mängeleinwendungen gemäß § 437 Nr. 2 und Nr. 3 BGB bestätigen das bereits im Zuge des Wahlrechts zu §§ 437 Nr. 1, 439 Abs. 1 BGB gewonnene Ergebnis. Schützenswert in dem Schwebezeitraum bis zur Geltendmachung der Mängeleinwendungen ist nicht der Käufer, der den Schwebezeitraum jederzeit durch seine Erklärung beenden kann, sondern der Verkäufer. Benötigt der Käufer eine Bedenkzeit, so muss er entweder vorab den Kaufpreis entrichten oder sich die Bedenkzeit um den Preis des Schuldnerverzugs erkaufen.

§ 23 Unmöglichkeit der Nacherfüllung

Ist die Mangelbeseitigung oder die Nachlieferung gemäß § 275 BGB unmöglich, konkretisiert sich der Anspruch des Käufers aus § 439 Abs. 1 BGB gemäß § 265 S. 1 BGB auf die jeweils andere Alternative der Nacherfüllung.[173] Dies ändert jedoch nichts daran, dass der Käufer in Abhängigkeit vom Kenntnisstand der Parteien die Mängeleinrede aus § 320 BGB geltend machen muss.[174] Fraglich ist, wie es sich mit der Mängeleinrede und der Mängeleinwendung verhält, wenn sowohl Mangelbeseitigung als auch Nachlieferung unmöglich sind.[175]

I. Ausschluss der Mängeleinrede aus § 439 Abs. 1 BGB

Die Unmöglichkeit der Nacherfüllung führt zum Ausschluss des Nacherfüllungsanspruchs aus § 439 Abs. 1 BGB. Mangels Gegenanspruchs kann der Käufer aus § 320 BGB keine Einrede gegen den Kaufpreisanspruch des Verkäufers ins Feld führen.[176]

II. Schwebezustand hinsichtlich der Mängeleinwendungen

Bei Unmöglichkeit der Nacherfüllung gemäß § 439 Abs. 1 BGB verwirklicht sich kraft Gesetzes die Ersetzungsbefugnis von § 437 Nr. 1 BGB zu § 437 Nr. 2 und Nr. 3 BGB. Der Käufer hat nunmehr das unmittelbare Wahlrecht aus § 437 Nr. 2 und Nr. 3 BGB. Hier gilt Entsprechendes wie zum Wahlrecht aus § 439 Abs. 1 BGB. Solange der Käufer keine Entscheidung trifft, ist ihm selbst dieser Schwebezustand

---

[173] Entsprechendes gilt bei wirksamer Verweigerung einer der beiden Nacherfüllungsvarianten wegen Unverhältnismäßigkeit gemäß § 439 Abs. 4 BGB.

[174] S. o. § 21 II. 1. b).

[175] Entsprechendes gilt, wenn beide Nacherfüllungsvarianten wegen Unverhältnismäßigkeit gemäß § 439 IV BGB verweigert worden sind.

[176] Ebenso *Westermann*, in: Münchener Kommentar, § 437, Rn. 22.

anzulasten.[177] Nicht das Wahlrecht und das sich anschließende Gestaltungsrecht, sondern erst deren Ausübung bewirkt eine Mängeleinwendung. Im Ausgangsfall hätte sich der Käufer also binnen der vom Verkäufer gesetzten Frist zur Kaufpreiszahlung entscheiden und erklären müssen. Da er dies versäumt hat, ist der Verkäufer wirksam vom Kaufvertrag zurückgetreten. Die gegenteilige Sicht des BGH wirft die Frage auf, wie der Verkäufer in Unkenntnis der Mängel hätte reagieren sollen.[178] In dieser Situation kann nicht entgegen § 323 Abs. 1 BGB vom Verkäufer verlangt werden, den Käufer zur Begründung seiner Verweigerung, den Kaufpreis zu zahlen, aufzufordern.[179]

III. Mängeleinrede aus § 326 Abs. 1 S. 2 BGB?

Der BGH will aus § 326 Abs. 1 S. 2 BGB auf eine besondere Schutzbedürftigkeit des Käufers schließen.[180] Nach dieser Vorschrift gilt § 326 Abs. 1 S. 1 BGB, der bei Unmöglichkeit einer Leistungspflicht unmittelbar die Gegenleistungspflicht entfallen lässt, nicht für den Nacherfüllungsanspruch.

1. Unterscheidung der Schlechtleistung von der quantitativen Teilunmöglichkeit

§ 326 Abs. 1 S. 2 BGB rechtfertigt keine Privilegierung des Käufers im Sinne einer pauschalen Mängeleinrede. Die Vorschrift dient allein dazu, dem Käufer bei Unmöglichkeit der Nacherfüllung sein Wahlrecht aus § 437 BGB zu erhalten. Ohne § 326 Abs. 1 S. 2 BGB käme es gemäß § 326 Abs. 1 S. 1 BGB zum Automatismus einer Minderung. Denn § 326 Abs. 1 S. 1 BGB verweist für die quantitative Teilunmöglichkeit auf die Minderung gemäß § 441 BGB. Ohne § 326 Abs. 1 S. 2 BGB läge es nahe, die Schlechtleistung im Sinne einer qualitativen Teilunmöglichkeit der quantitativen Teilunmöglichkeit gleichzustellen. Dass der Gesetzgeber dies mittels § 326 Abs. 1 S. 2 BGB unterbunden hat, erweist sich auch deshalb als berechtigt, da die Schlechtleistung nicht der Nichtleistung gleichzustellen ist.[181]

---

[177] Ebenso gegen eine „unmotivierte Hinauszögerung der Geltendmachung der Rechtsbehelfe aus § 437 Nr. 2 und 3 BGB" *Lorenz/Riehm*, Lehrbuch zum neuen Schuldrecht, Rn. 501; für eine Bedenkzeit des Käufers plädieren hingegen *Westermann*, in: Münchener Kommentar, § 437, Rn. 22, *Looschelders*, NJW 2020, 2074 (2077), *Rüfner*, in: BeckOGK (Stand: 01.10. 2022), § 320, Rn. 49–51, *Beckmann*, in: Staudinger, Vor § 433, Rn. 30, und *Grunewald*, in: Festschrift für Westermann, S. 245 (253).

[178] Ebenso kritisch, allerdings für eine Bedenkzeit plädierend *Looschelders*, NJW 2020, 2074 (2077).

[179] S. bereits oben unter § 21 II. 1. a).

[180] BGH NJW 2020, 2104 (2113, Rn. 79).

[181] Zum unterschiedlichen Kenntnisstand des Schuldners s. bereits oben § 21 II. 1. b).

2. Systematische Verknüpfung mit § 437 Nr. 2, 3 BGB

Anknüpfungspunkt für § 326 Abs. 1 S. 2 BGB sind § 437 Nr. 2 und Nr. 3 BGB. Das Wahlrecht des Käufers ergibt sich allein aus § 437 BGB. Hier hat der Gesetzgeber formuliert, dass der Käufer die in § 437 BGB genannten Rechte geltend machen *„kann"*. Die Funktion von § 326 Abs. 1 S. 2 BGB beschränkt sich darauf, dieses Wahlrecht zu erhalten. § 326 Abs. 1 S. 2 BGB bezweckt keine weitergehende Privilegierung des Käufers. Der Gesetzgeber hätte § 326 Abs. 1 S. 2 BGB genauso gut im Kaufrecht einarbeiten können. So hätte in einem Absatz 2 zu § 437 BGB formuliert werden können: *„Die Unmöglichkeit der Nacherfüllung lässt das Wahlrecht des Käufers aus § 437 Nr. 2 und Nr. 3 unberührt."*

3. Deklaratorischer Regelungsgehalt von § 326 Abs. 1 S. 2 BGB

§ 326 Abs. 5 BGB ordnet für den Fall der Unmöglichkeit ein vereinfachtes Rücktrittsrecht ohne Fristsetzungserfordernis an, auf das § 437 Nr. 2 BGB Bezug nimmt. Die eigentliche konstitutive Vorschrift ist also nicht § 326 Abs. 1 S. 2 BGB, sondern § 437 Nr. 2 BGB mit seiner Verweisung auf § 326 V BGB. Vor diesem Hintergrund kommt § 326 Abs. 1 S. 2 BGB nur deklaratorische Bedeutung zu. Dies gilt auch deshalb, weil der Gesetzgeber das Problem der Unmöglichkeit im Zuge eines Wahlrechts bereits mit § 265 BGB normiert hat. § 265 S. 1 BGB ordnet an, dass sich das Wahlrecht bei Unmöglichkeit einer Leistung auf die verbleibenden Leistungen beschränkt. Mangels anderweitiger Einschränkung gilt diese Regelung nicht nur für primäre, sondern auch für sekundäre Pflichten, wie sie in § 437 Nr. 1 bis Nr. 3 BGB aufgezählt sind.

Gemäß § 265 S. 2 BGB tritt die Beschränkung nicht ein, wenn der nicht wahlberechtigte Teil die Unmöglichkeit zu vertreten hat. Mit anderen Worten bleiben dem Gläubiger die verschuldensabhängigen Sekundäransprüche erhalten. Dies entspricht exakt der Konstellation von § 326 Abs. 1 S. 2 BGB. Dem Käufer bleiben die sekundären Mängelrechte erhalten. In Bezug genommen ist damit der Anspruch auf Schadensersatz statt der Leistung aus §§ 437 Nr. 3, 280 Abs. 1, Abs. 3, 283 BGB. Aufgrund der freien Konkurrenz zum Rücktrittsrecht gemäß § 325 BGB ist damit aber auch dieses umfasst.[182] § 326 Abs. 5 BGB gelangt damit ebenso zur Anwendung. § 326 Abs. 1 S. 2 BGB erlangt nur noch in der Konstellation Bedeutung, in der die Unmöglichkeit nicht vom Schuldner zu vertreten ist. Dass das Wahlrecht des Käufers jedoch auch bei einer nicht vom Verkäufer verschuldeten Unmöglichkeit der Nacherfüllung unberührt bleibt, ergibt sich aus § 437 BGB. Die Vorschrift sieht als speziellere Vorschrift im besonderen Schuldrecht keine mit § 265 S. 2 BGB vergleichbare Einschränkung vor.

---

[182] *Krüger*, in: Münchener Kommentar, § 265, Rn. 6, verweist für den Fall der Unmöglichkeit auf die allgemeinen Vorschriften der §§ 275, 280, 281, 323 ff. BGB.

Im Ergebnis begründet § 326 Abs. 1 S. 2 BGB keine eigenständige Mängeleinrede, sondern betont lediglich das Wahlrecht des Käufers aus § 437 Nr. 2 und Nr. 3 BGB. Es ist bei Unmöglichkeit der Nacherfüllung zu schützen, aber der Käufer nicht weitergehend zu privilegieren.

§ 24 Rücktritts- und Minderungseinrede bei Verjährung

Es gibt eine verbleibende Konstellation, in der die bloße Berechtigung zum Rücktritt oder zur Minderung eine Einrede gegenüber dem Kaufpreisanspruch begründet. Es handelt sich um die Situation, dass die Mängelansprüche des Käufers verjährt sind, dieser aber noch nicht den Kaufpreis gezahlt hat.

I. Spezialgesetzliche Normierung in § 438 Abs. 4 und Abs. 5 BGB

Das Rücktrittsrecht und das Minderungsrecht unterliegen als Gestaltungsrecht nicht der Verjährung. § 218 Abs. 1 S. 1 BGB sorgt deshalb für den wünschenswerten Gleichlauf mit den Mängelansprüchen, indem die Ausübung des Gestaltungsrechts nach Verjährungseintritt und Verjährungsrüge des Verkäufers unwirksam ist. Die Gegenausnahme hierzu begründen für das Rücktrittsrecht § 438 Abs. 4 BGB und für das Minderungsrecht § 438 Abs. 5 BGB. Der Käufer kann trotz einer Unwirksamkeit des Rücktritts und der Minderung wegen Verjährung die Zahlung des Kaufpreises insoweit verweigern, als er aufgrund des Rücktritts oder der Minderung dazu berechtigt sein würde. Dem Käufer verbleibt also trotz Verjährung die Rücktritts- und Minderungseinrede gegenüber dem Kaufpreisanspruch.

II. Vertrauensschutz des Käufers parallel zu § 215 BGB

Der Sinn von § 438 Abs. 4 und Abs. 5 BGB liegt im Vertrauensschutz des Käufers begründet, der seine Mängelrechte in unverjährter Zeit nicht aktiv geltend macht, sondern sich mithilfe des Zurückbehaltungsrechts aus § 320 BGB auf die Verteidigung gegenüber dem Kaufpreisanspruch beschränkt. Die Perpetuierung von § 320 BGB über die Grenze der Verjährung hinweg entspricht der Regelung des § 215 BGB, die der Aufrechnung und dem Zurückbehaltungsrecht einen rückwirkenden Vertrauensschutz zuschreibt. Beide können noch nach Verjährung der Gegenforderung geltend gemacht werden, wenn nur zuvor die Aufrechnungs- oder Zurückbehaltungslage vorgelegen hat. In diesem Kontext kann man § 438 Abs. 4 und Abs. 5 BGB verkürzt als Mängeleinrede bezeichnen; dies in dem Sinne, dass die bloße Berechtigung zum Rücktritt oder zur Minderung zur Einrede führt. Die Ausübung der Gestaltungsrechte und die daraus erwachsende Einwendung, der Untergang des Kaufpreisanspruchs, sind wegen der Verjährung unterbunden. Die

Vorschrift des § 438 Abs. 4 und Abs. 5 BGB mildert auf diese Weise die im Vergleich zum Kaufpreisanspruch kürzere Verjährungsfrist der Mängelansprüche ab, was ihre systematische Angliederung in § 438 BGB erklärt.

Die Überlegungen lassen sich auf den Schadensersatzanspruch aus § 437 Nr. 3 BGB übertragen. Der Käufer könnte mit diesem gemäß § 215 BGB noch in verjährter Zeit die Aufrechnung gegenüber dem Kaufpreisanspruch erklären. Für die Geltendmachung ist hingegen aufgrund der rechtsgestaltenden Wirkung von § 281 Abs. 4 BGB auf § 438 Abs. 4 BGB analog zurückzugreifen. Es genügt also die bloße Berechtigung zum Schadensersatz, um daraus eine Einrede gegen den Kaufpreisanspruch abzuleiten. Wie der Rücktritt und die Minderung können folglich der große und der kleine Schadensersatz noch in verjährter Zeit gegenüber dem Kaufpreisanspruch geltend gemacht werden. Entsprechendes gilt für eine bislang fehlende Fristsetzung.[183]

III. Ausnahmecharakter der Mängeleinrede

§ 438 Abs. 4 und Abs. 5 BGB bestätigen den Ausnahmecharakter der Mängeleinrede aus rein verjährungsrechtlichen Erwägungen. Zugleich unterstreichen sie mit Blick auf § 215 BGB den unmittelbaren Bezug zur Aufrechnung und zum Zurückbehaltungsrecht aus § 320 BGB vor Eintritt der Verjährung. In diesem Stadium beziehen sich die Verteidigungsmöglichkeiten des Käufers auf die rechtsgestaltende Wirkung der Mängelrechte. Der Käufer ist dadurch angemessen geschützt. Dies hat die bisherige Untersuchung bestätigt. Eine Mängeleinrede lässt sich daher auch nicht auf eine analoge Anwendung von § 438 Abs. 4 und Abs. 5 BGB stützen.[184] Im Vorfeld der Verjährung fehlt es dafür sowohl an einer planwidrigen Regelungslücke als auch einer vergleichbaren Interessenlage.

IV. Wahlrecht zwischen Rücktritts- und Minderungsreinrede

Wie § 438 Abs. 4 und Abs. 5 BGB veranschaulichen, bleibt der Begriff der Mängelreinrede unpräzise. Denn es geht nicht um eine pauschale Mängeleinrede, sondern es ist zwischen der Rücktritts- und der Minderungseinrede zu differenzieren. Auch an dieser Stelle behält also das Wahlrecht des Käufers seinen Vorrang. Der Käufer muss im Sinne von § 438 Abs. 4 S. 3 BGB zuerst „von diesem Recht Gebrauch machen", bevor die Einrede ihre hemmende Rechtswirkung entfalten kann. Mit der Auswahl verbinden kann der Käufer die Rüge des Mangels, die erforderlich ist, wenn der Mangel dem Verkäufer unbekannt ist.[185]

---

[183] *Faust*, in: BeckOK (Stand: 01.08.2022), § 438, Rn. 55 mit weiteren Nachweisen.

[184] So aber *Rüfner*, in: BeckOGK (Stand: 01.10.2022), § 320, Rn. 49–51.

[185] S. o. § 21 II. 1. b).

V. Unmöglichkeit der Nacherfüllung

Für die Berechtigung zur Rücktrittseinrede ist es unbeachtlich, ob die mangelfreie Lieferung möglich ist. Verjährungsrechtlich ordnet dies bereits § 218 Abs. 1 S. 2 BGB an, indem bei Unmöglichkeit auf einen fiktiven Nacherfüllungsanspruch abzustellen ist. Daran anschließend gilt § 438 Abs. 4 BGB unabhängig davon, auf welche Vorschriften sich das Rücktrittsrecht stützt. Bei Unmöglichkeit besteht es unmittelbar aus §§ 437 Nr. 2, 326 Abs. 5 BGB, anderenfalls ist gemäß §§ 437 Nr. 2, 323 Abs. 1 BGB eine vorherige Frist Voraussetzung. Relevant wird die Unterscheidung mithin allein für das Fristsetzungserfordernis. Entsprechendes gilt für die Minderungseinrede als gleichsam anteiliges Rücktrittsrecht.

§ 25 Rückschlüsse aus der Mängeleinrede des Bürgen

Hat sich für den Kaufpreisanspruch des Verkäufers gegen den Käufer ein Dritter verbürgt, so kann dieser gemäß § 768 Abs. 1 S. 1 BGB die Einreden des Käufers gleichermaßen geltend machen. Dazu ist der Bürge bei Mängelrechten des Käufers darauf angewiesen, dass der Käufer sein Wahlrecht ausübt, womit erst Einwendungen oder Einreden gegen den Zahlungsanspruch des Verkäufers entstehen. In diesem Schwebezeitraum hat der Gesetzgeber es aufgrund der Akzessorietät der Bürgschaft für erforderlich gehalten, den Bürgen weitergehend zu schützen. So kann der Bürge dem Gläubiger gemäß § 770 Abs. 1, Abs. 2 BGB bereits die Einrede der bloßen Anfechtbarkeit oder Aufrechenbarkeit der Hauptforderung entgegenhalten. § 770 Abs. 1 BGB wird analog für die Möglichkeit des Käufers zur Geltendmachung von Mängelrechten angewandt.[186] Die Vorschrift gilt also insbesondere auch für ein Rücktrittsrecht des Käufers, das dieser noch nicht ausgeübt hat.

Sinn und Zweck von § 770 BGB liegen in der besonderen Schutzbedürftigkeit des Bürgen im Schwebezeitraum vor der Ausübung der Mängelrechte durch den Käufer. Anders als der Gläubiger, der Verkäufer, kann der Bürge dem Schuldner, dem Käufer, nicht einmal eine Frist zur Ausübung seines Wahlrechts setzen mit der Folge, dass das Wahlrecht gemäß § 264 Abs. 2 BGB auf ihn übergehen würde. Im Rückschluss untermauern diese Überlegungen, dass nicht der Käufer, sondern der Verkäufer und aufseiten des Käufers ein etwaiger Bürge im Schwebezeitraum der bloßen Berechtigung des Käufers zur Geltendmachung von Mängelrechten zu schützen sind. Der Käufer hat es hingegen selbst in der Hand, diesen Schwebezustand durch

---

[186] *Rohe*, in: BeckOK (Stand: 01.08.2020), § 770, Rn. 5; anders *Madaus*, in: BeckOGK (Stand: 01.08.2022), § 770, Rn. 10, der für § 320 BGB den Weg über § 768 Abs. 1 S. 1 BGB wählt und eine Analogie zu § 770 Abs. 1 BGB ablehnt; differenzierend *Habersack*, in: Münchener Kommentar, § 770, Rn. 6, der für Gestaltungsrechte § 770 BGB entsprechend anwenden will und für Einreden, explizit auch die Mängeleinrede des Hauptschuldners, auf § 768 Abs. 1 S. 1 BGB, ggf. i.V.m. § 438 Abs. 4 S. 2 BGB, abstellt; ebenso differenzierend *Sprau*, in: Grüneberg, § 770, Rn. 4, mit § 768, Rn. 6 zur Mängeleinrede.

Ausübung seines Wahlrechts zu beseitigen. Aus gutem Grund sieht das Kaufrecht daher keine mit § 770 BGB vergleichbare Vorschrift zum weitergehenden Schutz des Käufers vor.

§ 26 Mängeleinrede im Werkvertragsrecht

Die kaufrechtlichen Überlegungen zur Mängeleinrede sind weitestgehend auf das Werkvertragsrecht übertragbar. Nach Abnahme des Werkes stehen sich hier ebenso gemäß § 320 BGB der Werklohnanspruch des Unternehmers und der Nacherfüllungsanspruch des Bestellers gegenüber. Der Gleichlauf ist also bereits im allgemeinen Schuldrecht angelegt. Dies kommt auch in den Vorschriften der §§ 323, 281 BGB zum Ausdruck, die mithilfe der Formulierung *„nicht vertragsgemäße Leistung"* als Schnittstelle zum Gewährleistungsrecht im besonderen Schuldrecht dienen. Es greift das Klammerprinzip, womit neben dem Kaufrecht zugleich das Werkvertragsrecht erfasst ist.

I. Rügeobliegenheit für den Unternehmer versus Wahlrecht des Bestellers

Abweichend von § 439 Abs. 1 BGB im Kaufrecht steht gemäß § 635 Abs. 1 BGB im Werkvertragsrecht nicht dem Besteller als Gläubiger, sondern dem Unternehmer als Schuldner das Wahlrecht bei der Nacherfüllung zu. Dies entlastet den Besteller von der Ausübung eines solchen Wahlrechts, bevor er dem Werklohnanspruch einredeweise den Nacherfüllungsanspruch aus § 635 Abs. 1 BGB entgegenhalten kann. An dieser Stelle macht sich dann bemerkbar, dass der Besteller – wie der Käufer – in Abhängigkeit vom Kenntnisstand des Unternehmers – wie des Verkäufers – die Rüge aus § 320 BGB geltend machen muss, dem Unternehmer gegenüber also zumindest die Symptome des Mangels darlegen muss.[187] Im Weiteren beschränkt § 640 Abs. 3 BGB das Zurückbehaltungsrecht auf den Druckzuschlag, was sich aus der Vorleistungspflicht des Unternehmers erklärt.

II. Parallelität der Normen

Die kaufrechtlichen Überlegungen sind angesichts der weitgehenden Identität der werkvertraglichen mit den kaufrechtlichen Gewährleistungsvorschriften unmittelbar auf das Werkvertragsrecht übertragbar. Erweitert § 634 BGB den Kanon der Mängelrechte um die Selbstvornahme gemäß § 637 BGB, so verbleibt es bei dem Erfordernis der Ausübung des Wahlrechts durch den Besteller sowie der Geltendma-

---

[187] S. o. § 21 II. 1. b).

chung seiner Mängelansprüche und der Ausübung seiner Mängelgestaltungsrechte. Die Mängeleinrede ist ausweislich von § 634a Abs. 4 und Abs. 5 BGB wie im Kaufrecht auf die Konstellation der Verjährung beschränkt. Sie erfordert gleichermaßen die Auswahl des Mängelgestaltungsrechts, bevor ihre rechtshemmende Wirkung sich entfalten kann.

§ 27 Die Mängeleinrede als überkommenes historisches Relikt

Sucht man abschließend nach einer Existenzberechtigung der Mängeleinrede, so bleibt nur der rechtshistorische Blick auf die Zeit vor der Schuldrechtsreform. Der BGH rekurriert auf § 478 BGB a.F. Nach dieser Vorschrift konnte der Käufer, der dem Verkäufer einen Mangel angezeigt hatte, bevor der Anspruch auf Wandelung oder Minderung verjährt war, die Zahlung des Kaufpreises „auch" nach der Verjährung insoweit verweigern, als er auf Grund der Wandelung oder Minderung dazu berechtigt gewesen wäre. Der Gesetzgeber hat diese Vorschrift im Zuge der Schuldrechtsreform als rein verjährungsrechtliche Vorschrift aufgefasst und sie als solche durch § 438 Abs. 4 und Abs. 5 BGB ersetzt.[188] Diese verjährungsrechtliche Zuordnung wird dadurch betont, dass der Gesetzgeber den noch in § 478 BGB a.F. vorgesehenen zeitlichen Zusatz „auch", der den Zeitraum vor der Verjährung einbezog und auf den der BGH jetzt noch abstellen will,[189] gestrichen hat.

Vor diesem Hintergrund ist es kaum nachvollziehbar, wie der BGH zu der Annahme gelangen will, § 478 BGB a.F. sei nach der Schuldrechtsreform in § 320 BGB aufgegangen. Zutreffend daran ist, dass der Nacherfüllungsanspruch als modifizierter Erfüllungsanspruch ebenso wie der ursprüngliche Erfüllungsanspruch § 320 BGB unterworfen ist. Hingegen ist dessen verjährungsrechtliche Komponente in Form von § 478 BGB a.F. in § 438 Abs. 4 und Abs. 5 BGB überführt worden unter Bewahrung des Konstrukts einer eigenständigen Rücktritts- und Minderungseinrede.[190] Ein verbleibendes „Aufgehen" einer in § 478 BGB a.F. verankerten allgemeinen Mängeleinrede in § 320 BGB bedeutet dann aber, dass die allgemeine Mängeleinrede den tatbestandlichen Voraussetzungen von § 320 BGB unterworfen ist, wie sie dieser Untersuchung zugrunde liegen. Dafür spricht nicht zuletzt der Umstand, dass der Gesetzgeber das Rücktritts- und Minderungsrecht nicht mehr – wie in § 478 BGB a.F. zugrunde gelegt – als vertragliche Konstruktion im Sinne der Wandelung, sondern als Gestaltungsrecht ausgeformt hat.[191] Der Gesetzgeber hat bewusst von dem Gewährleistungsrecht alter Prägung Abstand genommen und das Heft des Handelns allein in die Hand des Käufers gelegt. Es liegt folglich allein an

---

[188] So im Ansatz zu Recht BGH NJW 2020, 2104 (2111, Rn. 58), unter Bezugnahme auf die Motive in BT-Drs. 14/6040, S. 205.

[189] BGH NJW 2020, 2104 (2110, Rn. 56).

[190] S. o. § 24.

[191] Ebenso *Faust*, in: BeckOK (Stand: 01.08.2022), § 437, Rn. 176f.

ihm, davon Gebrauch zu machen, um eine Mängeleinwendung oder Mängeleinrede gemäß § 320 BGB geltend machen zu können. Für eine Mängeleinrede alter Prägung verbleibt kein Raum.

§ 28 Schluss

Zum Abschluss der Untersuchung werden im Folgenden die wesentlichen Ergebnisse für das Zurückweisungsrecht und die Mängeleinrede zusammengefasst.

I. Resümee zum Zurückweisungsrecht

1. Das Zurückweisungsrecht stellt kein zivilrechtliches Rechtsinstitut dar, sondern beinhaltet lediglich eine begriffliche Vereinfachung. Erfasst ist die Situation, dass der Gläubiger durch die Zurückweisung einer Leistung des Schuldners keine Rechtsnachteile erleidet, er insbesondere nicht in Annahmeverzug gerät. Maßgeblicher Anknüpfungspunkt für das Zurückweisungsrecht ist daher § 294 BGB. Der Schuldner hat seine Leistung so anzubieten, wie sie geschuldet ist. Darunter fällt die Beachtung sämtlicher Leistungsmodalitäten. Zu ihnen zählen neben der Leistungszeit und dem Leistungsort auch die Verpflichtung zur vollständigen Leistung, § 266 BGB, und zur mangelfreien Leistung, § 433 Abs. 1 S. 2 BGB. Es handelt sich bei § 433 Abs. 1 S. 2 BGB also um eine Leistungsmodalität und nicht um eine Anspruchsgrundlage.

2. Im Kaufrecht sind präzise die wechselseitigen Pflichten aus § 433 BGB zu unterscheiden. § 433 Abs. 1 S. 2 BGB beinhaltet lediglich eine Leistungsmodalität der Verpflichtung aus § 433 Abs. 1 S. 1 BGB zur Übereignung der Kaufsache. Daher hat der Käufer vor Gefahrübergang keinen Anspruch auf Mangelbeseitigung oder Ersatzlieferung. Eine Einwirkung auf die Sphäre des Verkäufers ist ihm versagt. Er kann aus § 433 Abs. 1 S. 1 BGB lediglich die Übereignung der Kaufsache in ihrem derzeitigen mangelhaften Zustand verlangen.

3. Die Leistungsmodalität aus § 433 Abs. 1 S. 2 BGB gilt auch im Zuge der häufig vernachlässigten Abnahmepflicht des Käufers gemäß § 433 Abs. 2, 2. Fall BGB. Sie hat zur Folge, dass der Käufer, wenn die mangelfreie Leistung möglich ist, nicht zur Abnahme der mangelhaften Kaufsache verpflichtet ist. Durch ein entsprechendes Angebot des Verkäufers gerät der Käufer weder in Schuldner- noch in Annahmeverzug. Ihm steht mit anderen Worten ein Zurückweisungsrecht zu. In der weiteren Konsequenz kann der Käufer, nachdem er dem Verkäufer eine Frist zur mangelfreien Leistung gesetzt hat, gemäß § 323 Abs. 1, 1. Fall BGB vom Kaufvertrag zurücktreten und aus §§ 280 Abs. 1, Abs. 3, 281 Abs. 1 S. 1, 1. Fall BGB Schadensersatz statt der Leistung verlangen. Die mangelhafte Kaufsache unterliegt vor Gefahrübergang der Leistungsstörung der Nichtleistung, nicht anders, als wenn der Verkäufer die mangelfreie Kaufsache nicht der Leistungszeit entsprechend anbietet. Die

Mängelrechte aus § 437 BGB stehen dem Käufer erst nach Gefahrübergang zu. Für ihre Antizipation mittels § 323 Abs. 4 BGB fehlt es an einer sicheren Prognose, solange der Verkäufer die mangelfreie Leistung jederzeit durch Mangelbeseitigung oder eine Ersatzlieferung herbeiführen kann.

4. Die Überlegungen gelten entsprechend, wenn der Verkäufer eine teilbare Kaufsache nur teilweise anbietet. Hier geht es um die Leistungsmodalität aus § 266 BGB. Ihre Missachtung hat nicht anders als bei § 433 Abs. 1 S. 2 BGB zur Folge, dass der Verkäufer die Leistung nicht wie geschuldet im Sinne von § 294 BGB anbietet. Folglich steht dem Käufer auch hier ein Zurückweisungsrecht zu. Bindeglied zu § 266 BGB nach Übereignung ist die verdeckte Mankolieferung gemäß § 434 Abs. 2 S. 2, 2. Fall, Abs. 3 S. 2, 1. Fall BGB. Macht der Käufer also von seinem Zurückweisungsrecht keinen Gebrauch, stehen ihm bei mangelhafter Kaufsache wie auch bei nur teilweiser Lieferung die Mängelrechte aus § 437 BGB zu.

5. Ist der Schuldner gemäß § 266 BGB zur vollständigen Leistung verpflichtet, so gilt diese Leistungsmodalität spiegelbildlich auch für den Anspruch des Gläubigers. Der Gläubiger muss die Gesamtleistung annehmen, ihm steht kein Dispositionsrecht zu. Sinn und Zweck von § 266 BGB streiten in beide Richtungen. Auch dem Schuldner ist der Aufwand von Teilleistungen zu ersparen, wenn solche nicht vertraglich vereinbart sind. Schließlich gilt § 266 BGB gleichermaßen für die Gegenleistung.

6. Zurückweisungsrecht und Zurückbehaltungsrecht schließen einander aus. In der Konstellation der mangelhaften Kaufsache mangelt es für ein Zurückbehaltungsrecht schon am Hauptanspruch des Verkäufers auf Abnahme. Dem Käufer fehlt zudem ein Gegenanspruch, da ein Verstoß gegen § 433 Abs. 1 S. 2 BGB erst nach Gefahrübergang die Mängelrechte aus § 437 BGB auslöst.

7. Dem Kaufpreisanspruch kann der Käufer sein Zurückbehaltungsrecht aus § 320 BGB entgegenhalten, das der Verkäufer gemäß § 322 Abs. 3 BGB i. V. m. § 274 Abs. 2 BGB nur durch ein den Annahmeverzug begründendes Angebot der mangelfreien Kaufleistung durchbrechen kann. Umgekehrt wandelt § 298 BGB die Verpflichtung des Verkäufers zum ordnungsgemäßen Angebot gemäß § 294 BGB in ein Recht zum Rückbehalt der Kaufsache um, wenn der Käufer nicht seinerseits bereit ist, den Kaufpreis zu zahlen. Die Zug-um-Zug-Einrede aus § 320 BGB ist eine vom Gläubiger zu beachtende Leistungsmodalität. Bei ungewisser Leistungszeit konkretisiert § 299 BGB die Voraussetzungen für das Zurückweisungsrecht des Gläubigers.

8. Zum zivilrechtlichen Rechtsinstitut wird das Zurückweisungsrecht erst dann, wenn man seine Rechtsgrundlage im Recht des Annahmeverzugs verortet. Hier findet sich die Antwort zu sämtlichen auftretenden Rechtsfragen im Kontext des Zurückweisungsrechts. Im Kaufrecht können ergänzend die Vorschriften zum Schuldnerverzug herangezogen werden, da § 433 Abs. 2, 2. Fall BGB nicht nur eine Obliegenheit, sondern eine Pflicht zur Abnahme vorsieht. Endet die Pflicht durch

Rücktritt vom Kaufvertrag wegen Verzugs trotz Fristsetzung, betrifft dies ebenso die Obliegenheit.

9. Kehrseite des Zurückweisungsrechts ist die Erfüllungslehre. §§ 363, 364 BGB regeln die Frage der Beweislast und der Erfüllung, wenn der Schuldner von den vorgegebenen Leistungsmodalitäten abweicht, ohne dass der Gläubiger von seinem Zurückweisungsrecht Gebrauch macht.

10. Ist die mangelfreie Leistung ausgeschlossen, handelt es sich nicht um eine „qualitative Teilunmöglichkeit", die der quantitativen Teilunmöglichkeit nahestehen würde. § 275 Abs. 1 BGB knüpft die Unmöglichkeit an einen Anspruch, den § 433 Abs. 1 S. 2 BGB nicht begründet. Nicht anders führt auch ein Verstoß gegen die Leistungszeit nicht zur Unmöglichkeit des zugrunde liegenden Anspruchs aus § 433 Abs. 1 S. 1 BGB. Der Anspruch bleibt bestehen, ist aber lediglich auf die verspätete Leistung gerichtet. Der Gläubiger bleibt – von der Konstellation des absoluten Fixgeschäfts abgesehen – zur Annahme der Leistung verpflichtet.

11. Ist die Herstellung der Mangelfreiheit gemäß § 433 Abs. 1 S. 2 BGB „unmöglich", bleibt der Käufer zur Abnahme der mangelhaften Kaufsache verpflichtet. Der Verkäufer hat hierauf einen Anspruch aus § 433 Abs. 2, 2. Fall BGB. Durch das Angebot der mangelhaften Kaufsache vermag der Verkäufer nunmehr auch das Zurückbehaltungsrecht des Käufers aus § 320 BGB gegenüber dem Kaufpreisanspruch zu durchbrechen. Dem Käufer steht also bei Angebot der unwiederbringlich mangelhaften Kaufsache weder ein Zurückweisungsrecht noch ein Zurückbehaltungsrecht zu. Geschützt ist der Käufer hingegen durch die Antizipation der Mängelrechte gemäß § 323 Abs. 4 BGB. Da die mangelfreie Leistung nicht möglich ist, steht schon vor Gefahrübergang der spätere Eintritt der Mängelrechte aus § 437 Nr. 2 und Nr. 3 BGB fest. Die Darlegungs- und Beweislast hierfür trägt vor Gefahrübergang der Käufer. § 323 Abs. 4 BGB gilt nicht nur für den Rücktritt, sondern im Wege der Analogie auch für die übrigen Mängelrechte. Weist der Käufer also in dieser Konstellation die mangelhafte Kaufsache zurück, so liegt hierin der antizipierte Rücktritt vom Kaufvertrag.

12. Für den Rücktritt vor Gefahrübergang gelangt § 323 Abs. 5 BGB aufgrund seines klaren Wortlauts und der Interessenlage nicht zur Anwendung. Die Regelung setzt die vorherige Leistungserbringung voraus und erklärt sich aus der damit einhergehenden Eingriffsintensität der Rückabwicklung. Vor Gefahrübergang gleicht der Rücktritt hingegen einer bloßen Kündigung. Nur auf diesem Wege bleibt auch ein nur unerheblicher Verstoß gegen § 433 Abs. 1 S. 2 BGB sanktioniert. Schließlich schafft nur eine solche Lösung im Interesse beider Vertragsparteien bereits ex ante eine rechtssichere Lösung. Der Käufer ist bei jeglichem Mangel der Kaufsache zu ihrer Zurückweisung berechtigt, unabhängig davon, ob der Mangel behebbar und/ oder erheblich ist. Es ändert sich lediglich die Rechtsgrundlage. Ist der Mangel unbehebbar und auch eine Ersatzleistung ausgeschlossen, erklärt sich das Zurückweisungsrecht kraft des in der Zurückweisung zum Ausdruck kommenden antizi-

pierten Rücktritts vom Kaufvertrag. In der weiteren Folge gelangt der Käufer durch das Angebot des Verkäufers weder in Schuldner- noch in Annahmeverzug.

13. Abschließend sind besonderes Gewährleistungsrecht und allgemeines Leistungsstörungsrecht klar voneinander abgegrenzt. Schnittstelle ist der Gefahrübergang. Eine Durchbrechung im Sinne einer Vorverlagerung der Mängelrechte ist nur unter den gesetzlichen Voraussetzungen von § 323 Abs. 4 BGB möglich. Damit ist sichergestellt, dass der Käufer eine mangelhafte Kaufsache nicht erst annehmen muss, um Mängelrechte geltend machen zu können. Zuletzt ist auch ein klares Abgrenzungsmodell der Gewährleistung von konkurrierenden Rechtsinstituten wie der Irrtumsanfechtung und der culpa in contrahendo gewonnen. Der Grundsatz der Spezialität gilt bereits ab Vertragsschluss.

II. Resümee zum Phantom der Mängeleinrede

1. Die Mängeleinrede ist ein überkommenes Relikt aus der Zeit vor der Schuldrechtsreform. Ihr mangelt jegliche Existenzberechtigung, weshalb sie im Gesetz auch keine Grundlage (mehr) findet. Schon der Begriff der Mängeleinrede lässt jegliche Differenzierung vermissen. Die wohl austarierten Mängelansprüche und Mängelgestaltungsrechte des Käufers verlangen eine unterscheidende Betrachtung in Abhängigkeit von ihren gesetzlichen Voraussetzungen und der Auswahlentscheidung des Käufers. Dies gilt auch für die verjährungsrechtliche Rücktritts- und Minderungseinrede gemäß § 438 Abs. 4 und Abs. 5 BGB. Im vorherigen Schwebezustand ist nicht der Käufer, sondern der Verkäufer schutzwürdig.

2. Die bloße Existenz des Wahlrechts aus §§ 437 Nr. 1, 439 Abs. 1 BGB bei der Nacherfüllung und des weitergehenden Wahlrechts aus § 437 Nr. 2 und Nr. 3 BGB nach ergebnisloser Fristsetzung vermittelt dem Käufer weder eine Einwendung noch eine Einrede gegenüber dem Kaufpreisanspruch des Verkäufers. Es liegt am Käufer, sein Wahlrecht und daraus erwachsende Gestaltungsrechte auszuüben und Mängelansprüche geltend zu machen. Bei Unkenntnis des Verkäufers trifft den Käufer die Obliegenheit, entdeckte Mängel zu rügen. Benötigt der Käufer zur Wahrnehmung seiner Rechte Bedenkzeit, trägt er das Risiko eines zwischenzeitlichen Zahlungsverzugs. Dies ist der Preis, den der Käufer für eine Bedenkzeit zu entrichten hat, ohne deshalb schon sein Wahlrecht zu verlieren. Seine spätere Ausübung entfaltet keine Rückwirkung.

III. Gesamtergebnis

Die Untersuchung liefert ein ganzheitliches Lösungsmodell für die Verteidigung des Käufers vor und nach der Annahme einer mangelhaften Kaufsache. Dieses Modell stützt sich auf die dogmatisch anerkannten und gesetzlich verankerten

Rechtsfiguren des Zivilrechts. Im allgemeinen Schuldrecht ist dies insbesondere die Rechtsfigur des Annahmeverzugs, die dem Zurückweisungsrecht mit umgekehrtem Vorzeichen zugrunde liegt. Das vorliegende Lösungsmodell ist daher auf andere Konstellationen des vertragswidrigen Angebots einer Leistung wie auch auf andere Vertragstypen übertragbar. Im besonderen Schuldrecht geht es um die Klaviatur der Mängelansprüche und Mängelgestaltungsrechte. Richten sie sich gegen den Zahlungsanspruch des Schuldners, so lassen sie sich nicht auf eine Mängeleinrede reduzieren. Demzufolge lässt sich auch dieses Lösungsmodell auf andere Vertragstypen übertragen, soweit die Mängelansprüche und Mängelgestaltungsrechte identisch ausgestaltet sind. Abschließend erweisen sich sowohl das Zurückweisungsrecht als auch die Mängeleinrede als begriffliche Verselbstständigungen, die das Bürgerliche Gesetzbuch aus gutem Grunde nicht kennt. Sie lenken von den eigentlichen zivilrechtlichen Rechtsfiguren ab und täuschen darüber hinweg, dass sich die Verteidigungsrechte des Käufers nur differenziert nach den Umständen des Einzelfalles beurteilen lassen. Beide Begriffe sollten daher von der Rechtswissenschaft wie von der Rechtspraxis im Sinne einer Rückbesinnung auf die Überzeugungskraft des gesetzlich normierten Zivilrechts ad acta gelegt werden.

Literaturverzeichnis

Büdenbender, Ulrich: Der Nacherfüllungsanspruch des Käufers – Wahlschuld oder elektive Konkurrenz?, AcP 205 (2005), 386–429 (zitiert: *Büdenbender*, AcP 205 (2005), 386).

Dauner-Lieb, Barbara/*Heidel*, Thomas/*Ring*, Gerhard (Herausgeber): Bürgerliches Gesetzbuch, Kommentar, Band 2/1 (§§ 241–487 BGB), 4. Aufl., Baden-Baden 2021 (zitiert: *Bearbeiter*, in: NomosKommentar).

Erman, Walter: Handkommentar zum Bürgerlichen Gesetzbuch, Band I (§§ 1–778), 16. Aufl., Münster u. a. 2020 (zitiert: *Bearbeiter*, in: Erman).

Ernst, Wolfgang: Die Zurückweisung der Ware, NJW 1997, 896–905 (zitiert: *Ernst*, NJW 1997, 896).

Fridgen, Alexander/*Geiwitz*, Arndt/*Göpfert*, Burkard (Herausgeber): Beck'scher Online-Kommentar Insolvenzrecht (zitiert: *Bearbeiter*, in: BeckOK-Insolvenzrecht mit aktuellem Stand).

Grüneberg, Christian: Bürgerliches Gesetzbuch, Kommentar, 82. Aufl., München 2023 (zitiert: *Bearbeiter*, in: Grüneberg).

Grunewald, Barbara: Die allgemeine Mängeleinrede des Käufers ein Auslaufmodell oder eine Rechtsfigur mit Zukunft?, in: Festschrift für Harm Peter Westermann zum 70. Geburtstag, Köln 2008, S. 245–254 (zitiert: *Grunewald*, in: Festschrift für Westermann).

Gsell, Beate/*Krüger*, Wolfgang [u. a.] (Herausgeber): Beck-online.Großkommentar zum Zivilrecht (zitiert: *Bearbeiter*, in: BeckOGK mit aktuellem Stand).

Häsemayer, Ludwig: Insolvenzrecht, 4. Aufl., Köln 2007 (zitiert: *Häsemayer*, Insolvenzrecht).

Hau, Wolfgang/*Poseck*, Roman (Herausgeber): Beck'scher Online-Kommentar BGB (zitiert: *Bearbeiter*, in: BeckOK mit aktuellem Stand).

Heinemeyer, Susanne: Gefahrübergang und Sachmangel, NJW 2019, 1025–1104 (zitiert: *Heinemeyer*, NJW 2019, 1025).

Heyers, Johannes/*Heuser*, Martin: Qualitative Unmöglichkeit – eine verkannte Rechtsfigur – Das Verhältnis von allgemeinem Leistungsstörungsrecht und kaufvertraglicher Sachmängelhaftung, NJW 2010, 3057–3120 (zitiert: *Heyers/Heuser*, NJW 2010, 3057).

Hirte, Heribert/*Vallender*, Heinz (Herausgeber): Uhlenbruck Insolvenzordnung, Band I, 15. Aufl., München 2019 (zitiert: *Bearbeiter* in: Uhlenbruck).

Hofmann, Christian/*Pammler*, Sebastian: Mängeleinrede beim Kauf – die Lage nach der Schuldrechtsreform, ZGS 2004, 293–297 (zitiert: *Hofmann/Pammler*, ZGS 2004, 293).

Huber, Peter/*Faust*, Florian: Schuldrechtsmodernisierungsgesetz, 1. Aufl., München 2002 (zitiert: *Bearbeiter*, in: Huber/Faust, Schuldrechtsmodernisierungsgesetz).

Jauernig, Othmar (Begründer): Bürgerliches Gesetzbuch, Kommentar, 18. Aufl., München 2021 (zitiert: *Bearbeiter*, in: Jauernig).

Jud, Brigitta: Das Recht zur Zurückweisung im Kaufrecht, JuS 2004, 841–846 (zitiert: *Jud*, JuS 2004, 841).

Kayser, Godehard/*Thole*, Christoph (Herausgeber): Insolvenzordnung, Kommentar, 10. Aufl., Heidelberg 2020 (zitiert: *Bearbeiter*, in: Kayser/Thole).

Lamprecht, Philipp: Nochmals: Gewährleistung trotz Annahmeverzugs und Untergangs der Kaufsache?, ZIP 2002, 1790–1793 (zitiert: *Lamprecht*, ZIP 2002, 1790).

Looschelders, Dirk: Leistungsverweigerungsrecht des Käufers bei Mängeln der Kaufsache, NJW 2020, 2074–2077 (zitiert: *Looschelder*, NJW 2020, 2074).

Lorenz, Stefan: Recht des Käufers zur Zurückweisung einer mangelhaften Sache – Voraussetzungen und Grenzen, NJW 2013, 1341–1344 (zitiert: *Lorenz*, NJW 2013, 1341).

Lorenz, Stefan: Rücktritt, Minderung und Schadensersatz wegen Sachmängeln im neuen Kaufrecht: Was hat der Verkäufer zu vertreten?, NJW 2002, 2497–2505 (zitiert: *Lorenz*, NJW 2002, 2497).

Lorenz, Stefan: Selbstvornahme der Mängelbeseitigung im Kaufrecht, NJW 2003, 1417–1419 (zitiert: *Lorenz*, NJW 2003, 1417).

Lorenz, Stefan/*Riehm*, Thomas: Lehrbuch zum neuen Schuldrecht, München 2002 (zitiert: *Lorenz/Riehm*, Lehrbuch zum neuen Schuldrecht).

Medicus, Dieter: Durchblick: Drittbeziehungen im Schuldverhältnis, JuS 1974, 613–622 (zitiert: *Medicus*, JuS 1974, 613).

Mossler, Patrick: Rücktrittsrecht vor Fälligkeit bei solvenzbedingten Zweifeln an der Leistungsfähigkeit des Schuldners (§ 323 Abs. 4 BGB), ZIP 2002, 1831–1838 (zitiert: *Mossler*, ZIP 2002, 1831).

Musielak, Hans-Joachim/*Voit*, Wolfgang: Zivilprozessordnung mit Gerichtsverfassungsgesetz, Kommentar, 18. Aufl., München 2021 (zitiert: *Bearbeiter*, in: Musielak/Voit).

Nerlich, Jörg/*Römermann*, Volker (Hrsg.): Insolvenzordnung, Kommentar, 44. Ergänzungslieferung (November 2021), München 2009 (zitiert: *Bearbeiter*, in: Nerlich/Römermann).

Oechsler, Jürgen: Vertragliche Schuldverhältnisse, 2. Aufl., Tübingen 2017 (zitiert: *Oechsler*, Vertragliche Schuldverhältnisse).

Oetker, Hartmut/*Maultzsch*, Felix: Vertragliche Schuldverhältnisse, 5. Aufl., Heidelberg 2018 (zitiert: *Oetker/Maultzsch*, Vertragliche Schuldverhältnisse).

Ostendorf, Patrick: Anmerkung zu BGH, Urteil vom 26.10.2016 – VIII ZR 211/15, Zahlungsverweigerung des Käufers bei Lieferung eines Neuwagens mit kleinem Lackkratzer, NJW 2017, 1100 (zitiert: *Ostendorf*, NJW 2017, 1100).

Prütting, Hanns/*Wegen*, Gerhard/*Weinreich*, Gerd (Hrsg.): Bürgerliches Gesetzbuch – Kommentar, 16. Aufl., München 2021 (zitiert: *Bearbeiter*, in: Prütting/Wegen/Weinreich).

Rauscher, Thomas/*Krüger*, Wolfgang (Hrsg.): Münchener Kommentar zur Zivilprozessordnung mit Gerichtsverfassungsgesetz und Nebengesetzen, Band 1 (§§ 1–354 ZPO), 6. Aufl., München 2020 (zitiert: *Bearbeiter*, in: Münchener Kommentar zur ZPO).

Riehm, Thomas: Schuldrecht BT: Zurückweisungsrecht des Käufers bei geringfügigen Sachmängeln, JuS 2017, 463–466 (zitiert: *Riehm*, JuS 2017, 463).

Säcker, Franz Jürgen/*Rixecker*, Roland/*Oetker*, Hartmut/*Limperg*, Bettina: Münchener Kommentar zum Bürgerlichen Gesetzbuch, Band 1 (§§ 1–240 BGB); Band 2 (§§ 241–310 BGB); Band 4 (§§ 433–534 BGB), 8. Aufl., München 2019 (zitiert: *Bearbeiter*, in: Münchener Kommentar).

Schall, Alexander: Nochmals: Die Anwendbarkeit des Sachmangelrechts im Falle unbehebbarer Mängel der Kaufsache, NJW 2011, 343–347 (zitiert: *Schall*, NJW 2011, 343).

Schellhammer, Kurt: Das neue Kaufrecht – Die Sachmängelrechte des Käufers, MDR 2002, 301–308 (zitiert: *Schellhammer*, MDR 2002, 301).

Schmidt, Karsten (Hrsg.): Insolvenzordnung, Kommentar, 19. Aufl., München 2016 (*Bearbeiter*, in: K. Schmidt, Insolvenzordnung).

Schroeter, Ulrich G.: Das Wahlrecht des Käufers im Rahmen der Nacherfüllung, NJW 2006, 1761–1765 (zitiert: *Schroeter*, NJW 2006, 1761).

Schulze, Reiner (Schriftleitung): Bürgerliches Gesetzbuch, Handkommentar, 11. Aufl., Baden-Baden 2021 (zitiert: *Bearbeiter*, in: Handkommentar).

Schwab, Martin: Schadensersatzverlangen und Ablehnungsandrohung nach der Schuldrechtsreform, JR 2003, 133–140 (zitiert: *Schwab*, JR 2003, 133).

Soergel, Hans Theodor: Bürgerliches Gesetzbuch mit Einführungsgesetz und Nebengesetzen, Band 3/2, Schuldrecht 1/2 (§§ 243–304); Band 5/2, Schuldrecht 3/2 (§§ 320–327) WEG, ErbbauVO, SchiffsG, 12. Aufl., Stuttgart u. a. 2014 (Band 3/2) u. 2005 (Band 5/2) (zitiert: *Bearbeiter*, in: Soergel).

Stamm, Jürgen: Der Mythos von der elektiven Konkurrenz – Ein Plädoyer zur Rückbesinnung auf die Wahlschuld und die Ersetzungsbefugnis als Rechtsfiguren zur Bewältigung alternativer Leistungsmehrheiten, JZ 2015, 920–929 (zitiert: *Stamm*, JZ 2015, 920).

Stamm, Jürgen: Die Auflösung der Drittschadensliquidation im Wege der Gesamtschuld, AcP 217 (2017), 165–204 (zitiert: *Stamm*, AcP 217 (2017), 165).

Stamm, Jürgen: Die Insolvenzfestigkeit des einfachen Zurückbehaltungsrechts – Ein zivilrechtliches und insolvenzrechtliches Gebot, KTS 2021, 467–511 (zitiert: *Stamm*, KTS 2021, 467).

Staudinger, Julius von (Begr.): Großkommentar zum Bürgerlichen Gesetzbuch und Nebengesetzen, Band §§ 255–304 (Leistungsstörungsrecht 1–2019); Band §§ 315–325 (Leistungsstörungsrecht 2–2020); Band §§ 433–480 (Kaufrecht – 2013), Köln (zitiert: *Bearbeiter*, in: Staudinger).

Wu, Hao-Hao: Die Rechte des Käufers bei Mangelhaftigkeit der Kaufsache vor Gefahrübergang, JuS 2020, 394–399 (zitiert: *Wu*, JuS 2020, 394).

Stichwortverzeichnis